刘金田————著

邓小平在
1992

DENG
XIAOPING

江苏人民出版社

图书在版编目（CIP）数据

邓小平在 1992 / 刘金田著. --南京：江苏人民出
版社，2022.1（2022.6 重印）
ISBN 978 - 7 - 214 - 26482 - 4

Ⅰ.①邓… Ⅱ.①刘… Ⅲ.①邓小平（1904—1997）
－生平事迹 Ⅳ.①A762

中国版本图书馆 CIP 数据核字（2021）第 164156 号

书　　　名　邓小平在 1992
著　　　者　刘金田
责 任 编 辑　金书羽
特 约 编 辑　张　欣
责 任 监 制　王　娟
装 帧 设 计　刘　超
出 版 发 行　江苏人民出版社
地　　　址　南京市湖南路 1 号 A 楼，邮编：210009
照　　　排　江苏凤凰制版有限公司
印　　　刷　南京新洲印刷有限公司
开　　　本　718 毫米×1000 毫米　1/16
印　　　张　14.75　插页 4
字　　　数　188 千字
版　　　次　2022 年 1 月第 1 版
印　　　次　2022 年 6 月第 2 次印刷
标 准 书 号　ISBN 978 - 7 - 214 - 26482 - 4
定　　　价　58.00 元

（江苏人民出版社图书凡印装错误可向承印厂调换）

目　录

第一章　确立第三代中央领导集体

《春天的故事》是一首在中国的大地上大家都耳熟能详的歌曲：

1979 年

那是一个春天

有一位老人在中国的南海边画了一个圈

神话般地崛起座座城

奇迹般地聚起座座金山

春雷啊唤醒了长城内外

春晖啊暖透了大江两岸

啊，中国，中国

你迈开了气壮山河的新步伐

走进万象更新的春天

1992 年

又是一个春天

有一位老人在中国的南海边写下诗篇

天地间荡起滚滚春潮

征途上扬起浩浩风帆

春风啊吹绿了东方神州

春雨啊滋润了华夏故园

啊，中国，中国

你展开了一幅百年的新画卷

捧出万紫千红的春天

……

歌曲中的这位老人，就是邓小平。

让我们从 1989 年说起吧！

1989 年 5 月 31 日，邓小平同中共中央政治局常委李鹏、姚依林谈话。邓小平说，第一，要改换领导层。新的中央领导机构要使人民感到面貌一新，感到是一个实行改革的有希望的领导班子。这是最重要的一条。这是向人民亮相啊！人民是看实际的。如果我们摆一个阵容，使人民感到是一个僵化的班子，保守的班子，或者人民认为是个平平庸庸体现不出中国前途的班子……总之，有一个新的改革的面貌，是确定新班子成员的一个十分重要的问题。不是九分九，而是十分重要的问题。我们要看到这个大局。

邓小平在 1989 年

第二，要扎扎实实做几件事情，体现出我们是真正反对腐败，不是假的。反对腐败，几年来我一直在讲。你们也多次听到我讲过，我还经常查我家里有没有违法乱纪的事。腐败的事情，一抓就能抓到重要的案件，就是我们往往下不了手。这就会丧失人心，使人们以为我们在包庇腐败。这个关我们必须过，要兑现。是一就是一，是二就是二，该怎么处理就怎么处理，一定要取信于民。腐败、贪污、受贿，抓个一二十件，有的是省里的，有的是全国范围的。要雷厉风行地抓，要公布于众，要按法律办事。该受惩罚的，不管是谁，一律受惩罚。

一个好班子，搞改革开放的班子，就要明白地做几件开放的事情。凡是遇到机会就不要丢，就是要坚持，要干起来，要体现改革开放，大开放。总之，改革开放要更大胆一些。

邓小平说，我们政治局、政治局常委会、书记处的同志，都是管大事的人，考虑任何问题都要着眼于长远，着眼于大局。许多小局必须服从大局，关键是这个问题。我们党的历史上，真正形成成熟的领导，是从毛刘周朱这一代开始。第二代是我们这一代，现在换第三代。我们这个第二代，我算是个领班人，但我们还是一个集体。对我们这个集体，人民基本上是满意的，主要是因为我们搞了改革开放，提出了四个现代化的路线，而且真正干出了实绩。第三代的领导也一样要取信于民，要干出实绩。关门可不行啊，中国不可能再回到过去那种封闭时代。现在世界的发展一日千里，每天都在变化，特别是科学技术，追都难追上。

邓小平强调：第三代的领导要取信于民，要得到人民对这个集体的信任，使人民团结在一个他们所相信的党中央领导集体周围。反对资产阶级自由化，坚持四项基本原则，这不能动摇。这一点我任何时候都没有让过步。中国不搞四个坚持能行吗？人民民主专政能不用吗？坚持不坚持人民民主专政，坚持不坚持马克思主义，坚持不坚持社会主义，坚持不坚持共产党的领导，这是个根本问题。

我们组成的这个新的领导机构，眼界要非常宽阔，胸襟要非常宽阔。这是对我们第三代领导人最根本的要求。

邓小平说：进入新的政治局、书记处特别是常委会的人，要从改革开放这个角度来选。新的领导机构要坚持做几件改革开放的事情，证明你们起码是坚持改革开放，是真正执行十一届三中全会以来的改革开放政策的。这样人民就可以放心了。我们现在就是要选人民公认是坚持改革开放路线并有政绩的人，大胆地将他们放进新的领导机构里，要使人民感到我们真心诚意要搞改革开放。

邓小平告诫大家：党内无论如何不能形成小派、小圈子。能容忍各方面、团结各方面是一个关键性的问题。小圈子那个东西害死人呐！很多失误就从这里出来，错误就从这里犯起。你们是要在第一线顶着干工作的。

邓小平表示：新的领导班子一经建立了威信，我坚决退出，不干扰你们的事。他希望大家很好地以江泽民同志为核心，很好地团结。他强调：只要这个领导集体是团结的，坚持改革开放的，即使是平平稳稳地发展几十年，中国也会发生根本的变化。关键在领导核心。我请你们把我的话带给将要在新的领导机构里面工作的每一个同志。这就算是我的政治交代。

6 月 16 日，邓小平在住地同江泽民、李鹏、乔石、姚依林、宋平、李瑞环、杨尚昆、万里谈话。他再次强调，我们中国共产党现在要建立起第三代的领导集体。在历史上，遵义会议以前，我们的党没有形成过一个成熟的党中央。我们党的领导集体，是从遵义会议开始逐步形成的。在"文化大革命"以前很长的历史中，不管我们党犯过这样那样的错误，不管其成员有这样那样的变化，始终保持了以毛泽东同志为核心的领导集体。这就是我们党第一代的领导。

党的十一届三中全会建立了一个新的领导集体，这就是第二代的领导集体。在这个集体中，实际上可以说我处在一个关键地位。这个集体一建立，我就一直在安排接班的问题。

任何一个领导集体都要有一个领导核心。第一代领导集体的核心是毛主席。因为有毛主席做领导核心，"文化大革命"就没有把共产党打倒。

第二代实际上我是核心。因为有这个核心，即使发生了两个领导人的变动，都没有影响我们党的领导，党的领导始终是稳定的。进入第三代的领导集体也必须有一个核心。要有意识地维护一个核心，也就是现在大家同意的江泽民同志。开宗明义，就是新的常委会从开始工作的第一天起，就要注意树立和维护这个集体和这个集体中的核心。

邓小平再次表示：新的领导一经建立有秩序的工作以后，我就不再过问、不再干预大家的事情。当然你们有事要找我，我不会拒绝，但是不能像过去一样。我不希望在新的政治局、新的常委会产生以后再宣布我起一个什么样的作用。现在看起来，我的分量太重，对国家和党不利，有一天就会很危险。新的领导一建立，要一切负起责任，错了也好，对了也好，功劳也好，都是你们的事。这样你们可以放手工作，对于新的集体自我锻炼也有好处。何况过去那种办法并不算很成功。

邓小平语重心长地说："我八十五岁了，到了这个年龄，该有自觉性。主要是大局的问题，如果个人的因素影响到局势的稳定，影响到事情的健康发展，解决起来就会发生困难。如果有什么事情，我完全可以在旁边帮帮忙，但是绝不要正式再搞个什么头衔了。"

6 月 23 日至 24 日，中国共产党十三届四中全会在北京召开。全会分析了国内发生政治风波的性质及原因，初步总结了经验教训，明确了当前和今后一个时期党的方针和任务，对中央领导机构成员进行了调整。

全会审议并通过了李鹏代表中央政治局作的《关于赵紫阳同志在

反党反社会主义的动乱中所犯错误的报告》，决定撤销赵紫阳的中央委员会总书记、中央政治局常委委员、中央政治局委员、中央委员会委员、中共中央军事委员会第一副主席的职务。

全会选举江泽民为中央委员会总书记；增选江泽民、宋平、李瑞环为中央政治局常委；新的中央政治局常委会由江泽民、李鹏、乔石、姚依林、宋平、李瑞环组成。全会还增补李瑞环、丁关根为中央书记处书记；免去胡启立、芮杏文、阎明复在政治局和书记处担任的职务。

全会强调，要继续坚决执行党的十一届三中全会以来的路线、方针和政策，继续坚决执行党的十三大确定的"一个中心、两个基本点"的基本路线。四项基本原则是立国之本，必须毫不动摇、始终一贯地加以坚持；改革开放是强国之路，必须坚定不移、一如既往地贯彻执行，绝不回到闭关锁国的老路上去。

江泽民在会上说：我们党已经制定和形成了一条建设有中国特色社会主义的路线和一系列基本政策。概括地说，就是小平同志多次指出、最近再次强调的，以经济建设为中心，坚持四项基本原则，坚持改革开放。这是我们有信心做好工作根本的、坚实的基础。这次中央领导核心作了一些人事调整，但是，"党的十一届三中全会以来的路线和基本政策没有变，必须继续贯彻执行。在这个最基本的问题上，我要十分明确地讲两句话：一句是坚定不移，毫不动摇；一句是全面执行，一以贯之"。这一鲜明的政治宣示对于帮助广大党员干部全面理解、自觉执行党的十一届三中全会以来的路线、方针和政策，保证我国改革开放和现代化建设事业沿着中国特色社会主义道路健康发展具有重大意义。

6 月 30 日上午，第七届全国人民代表大会常务委员会第八次会议在北京举行。会议根据《宪法》第六十七条第十项的规定和中华人民共和国中央军事委员会主席邓小平的提请，决定撤销赵紫阳的中华人民共和国中央军事委员会副主席职务。

第三代领导集体建立后，邓小平立即开始考虑他的退休问题。

8月17日，他在同杨尚昆、王震谈话时说："我希望退，要在今年完成。"

半个多月后，9月4日，邓小平在住地同江泽民、李鹏、乔石、姚依林、宋平、李瑞环、杨尚昆、万里谈话，商量他退休的时间和方式。

邓小平说，退休是定了，退了很有益处。如果不退休，在工作岗位上去世，世界上会引起什么反响很难讲。如果我退休了，确实不做事，人又还在，就还能起一点作用。因为在国际上了解我这个人的不少，从某种程度上讲，这是影响他们同中国的关系的因素之一。这是没有办法的事情。考虑到中国的安全，现在退比发生了事情退或者在职位上去世有利。退的决心我已经下了好几年了。我曾多次提出，是真心的。现在看来，想要等一个多么适当的时候再退，是等不到的，每次总有一点因素说退不得。十三大搞了个半退，但我一直认为那时全退最好。领导班子还是要注意年轻化，要选马克思主义者。我们自己培养起来的、政治上好的、有马列主义修养的人还是有的。这次常委中有老的，有比较年轻的。当时我说，无论如何要给国际上、给人民一个改革开放的形象，这十分重要。现在看来，对我们四中全会选出的人，对新的领导班子这一段的活动，国际国内的反应至少是很平静，感到是稳妥的，证明我们这个新的领导班子是能够取得人民的信任和国际上的信任的。如果再加上我们这些人退出去，人家再看上两三个月或半年，我们的局面真正是稳定的，是一个安定团结的政治局面，中国还在继续发展，继续执行原有的路线、方针、政策，到那时，我们这些人的影响就慢慢消失了。消失了好！这次事件（指"六四"政治风波）一出来，我考虑马上退不行。现在过了三个月，如果到五中全会正式作出决定，差不多还要一个半月，有了四五个月，政治局面就比较平静了，这是个时机。我已经慢慢练习如何过退休生活，工作了几十年，完全脱离总有个过程。下次党代表大会不搞顾问委员会了，还是搞退休制度。我退休的时间是不是就确定在五中全会。犹豫了这么几年了，已经耽误了。

关于退的方式，邓小平说，我同杨尚昆同志谈过，越简单越好。不要形成个惯例，对退的人都歌功颂德一番，那实在没有必要。你一生是什么样子，你在党内搞了几十年，人们都是看到的，有个客观评价。我反复考虑，简化可能比较有利，而且从我开始简化更有利。来个干净、利落、朴素的方式，就是中央批准我的请求，说几句话。我多次讲，一个国家的命运寄托在一两个人的威望上是很不正常的。而利用退休又来歌功颂德一番，也没有什么好处。还有些形式，比如追悼会，开得那么多，花的人力物力不少，也可以简化一下。都是革命几十年的人，确实都有功劳，也总有一些失误，但一讲都是功劳。我多次拒绝外国人要我写自传。如果自传只讲功不讲过，本身就变成了歌功颂德，吹嘘自己，那有什么必要？至于一些同志回忆自己的历史，写一些东西，那很有益处。聂荣臻同志写的那一段亲身经历的事，很真实。有人也写了自己的错误，比如李维汉同志。但有些自传还是宣扬自己的多，这种事情值不得赞扬。

邓小平拜托大家说：对我的评价，不要过分夸张，不要分量太重。有的把我的规格放在毛主席之上，这就不好了。我很怕有这样的东西，名誉太高了是个负担。我退休方式要简化，死后丧事也要简化。

邓小平还和大家谈到了退休时的职务交代。他说，军委要有个主席，首先要确定党的军委主席，同时也是确定国家军委主席。党要管军队，因为军队始终是党领导的。五中全会上我辞职后，要有新的军委主席，军委也应该有些变化。我们的传统是军队听党的话，不能搞小集团，不能搞小圈子，不能把权力集中在几个人身上。军队不能打自己的旗帜。我提议江泽民同志当军委主席。

邓小平当场表示：以后中央的工作我不过问，除非特别大的问题。要让新的中央，特别是政治局和政治局常委会独立思考，独立工作。邓小平希望常委的同志给国际国内树立一个好的形象，一个安定团结的形象，而且是一个安定团结的榜样。中国一定要有一个具有改革开放形象的领导集体，改革开放放弃不得。

邓小平说，你们这个班子要搞好，关键是要形成集体领导。你们应该是一个合作得很好的集体，是一个独立思考的集体。要相互容忍，相互谦让，相互帮助，相互补充，包括相互克服错误和缺点。现在很需要一个这么好的集体，比过去更加需要。这个集体要有个核心。在历史上，我们有毛主席这个核心。这几年我们出现了两个领导人更迭以及通货膨胀这样的问题，因为有个核心，解决起来就比较容易。江泽民同志应该成为你们这个集体的核心。关于工作方法，我提一点：属于政策、方针的重大问题，国务院也好，全国人大也好，其他方面也好，都要由党员负责干部提到党中央常委会讨论，讨论决定之后再去多方商量，贯彻执行。

邓小平说，到本世纪末翻两番有没有可能？我希望活到那个时候，看到翻两番实现。三步走的关键在第二步，第二步为第三步打基础。要搞几个大项目，表示我们的信心。改革开放政策稳定，中国大有希望。

当天，邓小平给中央政治局写了一封辞职信，内容是：

中央政治局：

　　我向中央请求辞去现在担任的中共中央军事委员会主席职务。

　　一九八〇年我就提出要改革党和国家的领导制度，废除干部领导职务终身制。近年来，不少老同志已相继退出了中央领导岗位。一九八七年，在党的第十三次全国代表大会召开以前，为了身体力行地废除干部领导职务终身制，我提出了退休的愿望。当时，中央反复考虑我本人和党内外的意见，决定同意我辞去中央政治局常委、中央政治局委员、中央顾问委员会主任的职务，退出中央委员会和中央顾问委员会；决定我留任党和国家的军委主席的职务。此后，当中央的领导集体就重大问题征询我的意见时，我也始终尊重和支持中央领导集体多数同志的意见。但是，我坚持不再过问日常工作，并一直期待着尽早完成新老交替，实现从领导岗位完全退下来的愿望。

党的十三届四中全会选出的以江泽民同志为首的领导核心，现已卓有成效地开展工作。经过慎重考虑，我想趁自己身体还健康的时候辞去现任职务，实现夙愿。这对党、国家和军队的事业是有益的。恳切希望中央批准我的请求。我也将向全国人民代表大会提出辞去国家军委主席的请求。

作为一个为共产主义事业和国家的独立、统一、建设、改革事业奋斗了几十年的老党员和老公民，我的生命是属于党、属于国家的。退下来以后，我将继续忠于党和国家的事业。我们党、我们国家和我们军队所取得的成就是几代人努力的结果。我们的改革开放事业刚刚起步，任重而道远，前进中还会遇到一些曲折。但我坚信，我们一定能够战胜各种困难，把先辈开创的事业一代代发扬光大。中国人民既然有能力站起来，就一定有能力永远肖然屹立于世界民族之林。

邓小平
一九八九年九月四日

11 月 6 日，邓小平在同来访的朝鲜劳动党中央委员会总书记、国家主席金日成会谈时说：这十年我们党把我放到了特殊的岗位，我不当党中央总书记，也不当国家主席，但实际上我是党和国家领导集体的核心，这在国际上也是公认的。我们第一代领导集体是毛泽东、刘少奇、周恩来、朱德，以后又包括陈云同志，包括我，那个时候还有林彪。这个领导集体的核心是毛主席。"文化大革命"中，党所以没有垮，就是因为有这个核心，就是毛主席、周总理，把这个局面撑起来了。从我们党的十一届三中全会以后，开始产生了第二代领导集体，包括我在内，还有陈云同志、李先念同志，还有叶帅。这也是一个有力量的领导集体。在第二代领导集体的领导下，我们党和国家做了很多事情。很多事情基本上是做得好的，但也有失误，甚至是重要的失误。两个总书记失职，不是重要的失误吗？这些失误纠正起来比较顺利，但也需要总结经验。第三代领导集体就是以江泽民同志为核心。江泽民同志知识面比较宽，多年来都是地方和部门的重要干部。这四个多月的中央工作很不错。他工作扎实，而且比较民主。

11月6日，中国共产党十三届五中全会在北京举行。7日，邓小平致信中共中央政治局常委，向中央提议：江泽民任党中央军委主席，杨尚昆任党中央军委第一副主席，刘华清任党中央军委副主席，杨白冰任党中央军委秘书长。当天，中共中央政治局通过了这个提议。

邓小平同志致信中央政治局请求辞去中央军委主席职务

1989 年 11 月 4 日，邓小平在十三届五中全会前同江泽民交谈

　　11 月 9 日，是十三届五中全会闭幕的日子。邓小平的女儿毛毛在《我的父亲邓小平》中记述了邓小平退休这一天的情况。她写道：

　　　　1989 年 11 月 9 日。

　　　　清晨，天还未亮，飘飘洒洒的细雨就已润湿了深秋的大地。

　　　　爸像往常一样，按时起了床。像往常一样，准时而又规律地吃了早饭，坐下来看书、看报、看文件。

　　　　最小的孙儿因患感冒而未去幼稚园，我带他去看爷爷。

　　　　爸问我，还下雨吗？

　　　　我告诉他，开始下雪了。

　　　　爸一听，马上起身，先把窗户大大打开，进而索性开门走出室外。

　　　　外面的空气寒冷而又湿润，雨水中果然夹杂着点点雪花，纷

退休的这一天

纷落落、飘飘扬扬随风而下。

爸望着雨和雪，感慨地说："这场雨雪下得不算小呀，北京正需要下雪啊！"

大概是所谓的"温室效应"吧，今年秋来得迟，冬也到得晚。虽已是 11 月份，天气仍然不冷。今天这场雨雪虽不很大，但毕竟是北京今冬的第一场雪。

九点多钟，办公室主任王瑞林来了，向爸讲述了正在召开的党的中央全会的一些情况。当然，重点汇报了这次全会上关于爸退休的议程、日程的安排和讨论情况。他告诉爸，经过阅读有关文件和讨论，与会的同志们逐渐理解了爸请求退休的决心和意义，许多同志在发言中讲了很多相当动感情的肺腑之言，今天下午全会将进行表决，晚上由新闻公布。

爸听后十分高兴，说："总之，这件事情可以完成了！"

中午吃饭的时候，我们一家人围坐在桌旁，席间的话题自然离不开爸退休这个题目。姐姐说，咱们家应该庆祝一下。哥哥说，我捐献一瓶好酒。妈妈说，如果身体好，我也想去参观下午的照相活动。爸则说："退休以后，我最终的愿望是过一个真正的平民生活，生活得更加简单一些，可以上街走走，到处去参观一下。"大孙女眠眠笑着说："爷爷真是理想主义！"

下午三时，中国共产党第十三届中央委员会第五次会议进行表决，通过了爸辞去中共中央军事委员会主席的请求。

四时许，爸驱车前往人民大会堂，和参加本次中央全会的全体与会者一起照相。

在休息厅里，刚刚从五中全会会场内出来的中央各位领导同志，看到爸进来，纷纷走过来和爸握手。刚刚当选为中共中央军事委员会主席的江泽民同志一步趋前，紧紧握住爸的手。他建议，几位领导同志一起，和爸照一张相。当江泽民、杨尚昆、李鹏、姚依林、乔石、宋平、李瑞环、王震、薄一波、万里、宋任穷、胡乔木等十二位同志簇拥着父亲一字排好后，记者们一拥而上，闪光灯噼啪闪烁地拍下了这一历史性时刻。

这些就是我们党和国家的领导人，他们有的银丝红颜，有的乌发满头，他们紧紧地站在一起。

当爸一行人走进大厅时，掌声骤起。爸走过中纪委委员的行列，走过中顾委委员的行列，走过全体中央委员的行列。

爸笑容满面地站在麦克风前，他说："感谢同志们对我的理解和支持，全会接受了我退休的请求。衷心感谢全会，衷心感谢同志们。"随后，爸与参加和列席全会的全体同志合影留念。

在离开大会堂的时候，江泽民同志一直把爸送到门口，他紧握住爸的手说："我一定鞠躬尽瘁，死而后已。"

夜幕渐渐降临，而我们家却是一片灯火通明。

全家人忙忙碌碌了整整一下午，到了吃饭的时间，四个孙子孙女一齐跑去请爷爷。他们送给爷爷一个他们亲手赶制的贺卡，上面贴有四朵美丽的蝴蝶花，代表他们四个孙辈。卡上端端正正地写道："愿爷爷永远和我们一样的年轻！"他们四个人轮流上前亲爷爷，才三岁的小孙子小弟亲了爷爷一脸的口水，逗得全家人哈哈大笑。在餐厅里，桌子上摆满了在我们家工作了三十多年的杨师傅精心设计的丰盛宴席，淡蓝色的墙壁上高高地贴着一排鲜红的字：

1922——1989——永远

爸望着这一排字，脸上浮现出了深沉的笑容。

……

第二天，也就是 11 月 10 日，《人民日报》发表了爸要求退休的信和中共十三届五中全会的决议。

十三届五中全会审议通过《中国共产党十三届五中全会关于同意邓小平同志辞去中共中央军事委员会主席职务的决定》和《关于调整中共中央军事委员会组成人员的决定》，决定由江泽民任中共中央军事委员会主席。

全会高度评价邓小平对党和国家建立的卓著功勋。全会指出：邓小平同志是我国各族人民公认的享有崇高威望的杰出领导人，在党所领导的革命和建设的各个历史时期都做出了重大贡献。特别是党的十一届三中全会后，邓小平同志成为我们党第二代领导集体的核心……

邓小平对出席中共十三届五中全会的全体代表发表讲话

在以他为核心的领导集体的坚强领导下，我国人民在社会主义现代化建设中取得了举世瞩目的成就，在社会主义新中国的历史上开创了一个新的时期……邓小平同志根据马克思列宁主义同中国实际相结合的原则提出的一系列观点和理论，特别是建设有中国特色的社会主义基本理论，是毛泽东思想的重要组成部分，是毛泽东思想在新的历史条件下的继承和发展，是中国共产党和中国人民的宝贵精神财富。

邓小平退休了，正式过起了退休生活。但正如他自己所说的，他的生命是属于党，属于国家的。他仍将继续忠于党和国家的事业。

第二章　"冷静观察、稳住阵脚、沉着应付"

1989 年政治风波后，我们党面临的国际形势更为复杂多变。以美国为首的西方国家掀起了新的反华浪潮，对中国政府进行污蔑和攻击，对中国施加政治压力和经济"制裁"，粗暴干涉中国内政。

6 月 5 日，当时的美国总统布什就中国局势发表讲话，宣布采取以下对华制裁措施：

1. 暂停政府对政府的一切武器销售和商业性出口。

2. 暂停美国和中国军事领导人之间的互访。

3. 对中国留美学生延长逗留时间的要求给予同情的考虑。

面对复杂严峻的局面，6 月 16 日，邓小平在同几位中央负责同志谈话时说：整个帝国主义西方世界企图使社会主义各国都放弃社会主义道路，最终纳入国际垄断资本的统治，纳入资本主义的轨道。现在我们要顶住这股逆流，旗帜要鲜明。因为如果我们不坚持社会主义，最终发展起来也不过成为一个附庸国，而且就连想要发展起来也不容易。现在国际市场已经被占得满满的，打进去都很不容易。只有社会主义才能救中国，只有社会主义才能发展中国。不走社会主义道路中国就没有前途。中国本来是个穷国，为什么有中美苏"大三角"的说法？就是因为中国是独立自主的国家。为什么说我们是独立自主的？就是因为我们坚持有中国特色的社会主义道路。现在国际舆论压我们，我们泰然处之，不受他们挑动。

6月 20 日，布什又指示美国政府采取下列措施：

1. 暂停同中国一切高级政府官员的互访。

2. 美国将力求推迟考虑国际金融机构向中国提供新的贷款。

美国国会还酝酿通过了制裁中国的修正案，仅经济制裁就有七个方面的内容。

与此同时，布什总统又几次私下向中国传递口信，表明他重视中美关系，他解释说，目前对中国的制裁，是在美国国会和社会压力下采取的行动，希望中国领导人能够谅解。

6月 21 日，布什还专门秘密致信邓小平。信中说："写此信时我心情沉重。我本想与您亲自讨论此事，但遗憾没有做到。首先，我本着真诚的友谊写这封信的，因为我相信你一定知道，写这封信的人强烈地认为美中之间的良好关系符合两国的根本利益……我写此信是想请您帮助维护这种我们双方都认为十分重要的关系……我请您……记住我们这个年轻的国家的立国原则。这些原则就是民主和自由……这些原则难免会影响美国人看待其他国家的事件和做出反应的方式。这不是傲慢自大的反应，也不是想强迫别人接受我们的信念，这仅仅是对那些原则的持久价值及其普遍适用性的信仰。"布什接着又解释说，作为美国总统，他不得不实施制裁。"当朋友之间遇到麻烦时，例如现在的情况，我们必须想办法把它说清楚……在我们这样一个开放的制度中，常常不可能做到事事保密……但这是一封没有副本的特殊信件，在我的私人档案之外没有任何副本。"

布什在信中还提出派一名私人特使来中国，与邓小平进行坦率的谈话。

第二天，邓小平即复信布什，指出中美关系目前面临新的挑战，他对此感到担心，因为这种关系是双方多年共同培养起来的。为了避免中美关系继续下滑，邓小平表示同意布什总统的建议，在双方绝对保密的情况下，欢迎美国总统特使访华，并愿亲自同特使进行真诚坦率的交谈。

邓小平同布什的接触始于 1974 年秋。当年的 9 月,布什担任美国驻中国联络处主任。11 月,当时的美国国务卿基辛格访华,由于周恩来总理生病住院,邓小平同基辛格会谈,布什参加了会谈,认识了邓小平。他当时对邓小平的印象是:那时他是一位正在上升的人物,当时人们猜测,在毛泽东和周恩来百年之后,他很可能接管最高权力。美国学者傅高义在《邓小平时代》一书中评价邓小平和布什的关系是"轻松而友好"。他写道:事实上,在毛泽东、周恩来、尼克松和基辛格退出政坛后,邓小平和布什继续维持着过去的领导人为两国建立的工作关系。他们两人的关系轻松而友好:在 1975 年 12 月 6 日为祝贺布什离开北京转任中央情报局局长的告别宴会上,邓小平对他开玩笑说:"你是不是一直在这里搞间谍活动呀?"布什笃信私人外交,他会偶尔给邓小平递送信件。邓小平对这种私人交往方式并不做出回应,但他随时愿意与布什见面。

邓小平在 1979 年 1 月访美时,在休斯敦与布什进行了私人会面。邓小平去得克萨斯时,布什也邀请他到母亲家里做客。后来,里根总统打算与台湾建立"官方关系"时,邓小平也向布什表达了中国对国家领土主权问题的态度。1989 年 2 月,邓小平向布什坦率说明了中苏关系的改善和中国准备迎接戈尔巴乔夫访华。几年后,当布什在电视上被问及他遇到的最伟大的领导人是谁时,他先是说没有哪个人特别杰出,然后又补充道,邓小平是个不同凡响的领导人。

1980 年 8 月、1982 年 5 月和 1985 年 10 月,布什作为副总统三次访华,邓小平都同他进行了会谈。

1989 年 2 月,布什作为美国总统访问中国。

邓小平在同他会谈时说:中国的问题,压倒一切的是需要稳定。没有稳定的环境,什么都搞不成,已经取得的成果也会失掉。

中国一定要坚持改革开放,这是解决中国问题的希望。但是要改革，就一定要有稳定的政治环境。总的来说，中国人民是支持改革政策的，绝大多数学生是支持稳定的，他们知道离开国家的稳定就谈不上改革和开放。

1989 年 2 月，邓小平会见当时的美国总统布什

中国正处在特别需要集中注意力发展经济的进程中。如果追求形式上的民主，结果是既实现不了民主，经济也得不到发展，只会出现国家混乱、人心涣散的局面。对这一点我们有深切的体验，因为我们有"文化大革命"的经历，亲眼看到了它的恶果。中国人多，如果今天这个示威，明天那个示威，365 天，天天会有示威游行，那么就根本谈不上搞经济建设了。我们是要发展社会主义民主，但匆匆忙忙地搞不行，搞西方那一套更不行。如果我们现在十亿人搞多党竞选，一定会出现"文化大革命"中那样"全面内战"的混乱局面。"内战"不一定都是用枪炮，动拳头、木棒也打得很凶。民主是我们的目标，但国家必须保持稳定。

政治风波发生后，邓小平对美国政府和布什总统干涉中国内政的种种表现表示了强烈的不满。

……

布什总统接到邓小平的回信后十分高兴。他决定派国家安全事务助理斯考克罗夫特作为总统特使于7月1日访华。随行人员只有副国务卿伊格尔伯格和一名秘书，不带警卫和其他人员。

钱其琛回忆说：

关于这次特使的人选，美方内部进行了反复研究。美国方面私下透露，曾考虑过派前总统尼克松或前国务卿基辛格作为特使访华，但担心树大招风，不利于保密，最后选定了斯考克罗夫特担当此任。斯考克罗夫特处事稳妥，又担任要职，派他来华，既显示美国重视中美关系，又不易引起外界的注意。

至于陪同官员的人选，美方意见也不一致。据美国国务卿贝克在他所著的《外交政治》一书中透露，最初布什总统决定只派斯考克罗夫特一人访华，不带陪同人员。贝克国务卿认为这样不妥。他说，如果只有国家安全委员会官员前去访问，而没有国务院官员随行，美国外交体制难以运行。实际上，贝克提出这一问题的真实目的，是他本人想承担这项秘密访华的使命。对此，他在书中倒也毫不隐讳。他说，他自己很想来，但考虑到作为国务卿，外事活动频繁，很难保密，因此，建议布什总统派副国务卿伊格尔伯格陪同斯考克罗夫特访问。

为了避免泄露斯考克罗夫特秘密访华的消息，美方可谓是煞费苦心。斯考克罗夫特抵京后，不同美国驻华大使馆发生任何联系，在华的各项活动均不通知美国驻华大使馆，当时李洁明大使已奉命离开北京。在美国国内，除布什总统外，只有国务卿贝克知道这件事。至于选择7月1日抵达北京，美方也有考虑。这一天，临近美国国庆日，斯考克罗夫特此时离开华盛顿不会引人注目。同时，美国在通讯和专机问题上也采取了严格的保密措施：斯考克罗夫特不使用美国驻华使馆通讯设备，而是自带两名报务人员；所乘坐的 C-141 型美军运输机，外部经过伪装，涂掉了标记，使其看起来像一架普通的商用运输飞机。在宽大的机舱内，临时吊装了一个载人的客舱，里面设施齐全，舒适方便。飞机连续飞行 22 个小时，空中加油，中途不在任何地方着陆，以免引起地勤人员注意。美国方面对这次访问所采取的保密措施，程度之高，超过了 70 年代初基辛格博士的秘密访华。当时基辛格博士从巴基斯坦乘飞机来华，保密措施也很严格，但并未达到对美国驻巴基斯坦大使也要瞒着的地步。80 年代末，中美关系的复杂与敏感，从中可窥见一斑。

有趣的是，在与布什总统合著的《变革中的世界》一书中，斯考克罗夫特描述了这段历史的某些情节。他在书中是这样描述的：他当时所乘坐的 C-141 型美军运输机进入中国时，由于中国只有极少数人知道这件事，以至于没有人想到要通知空防部门，因此中国军方打电话请示杨尚昆主席，报告发现了一架不明国籍的飞机，进入了上海附近的中国领空，请示要不要把它打下来。斯考克罗夫特说，算他们走运，这个电话直接通到了杨主席的办公室。杨主席告诉部下，不要开火。这是一次非常重要的飞行使命。

故事听起来十分"惊险"。不过，据我所知，中美两国就斯考克罗夫特专机进入中国领空的路线和时间事先进行了充分的磋商，中方为此做了周密的安排。当时，美方曾要求美机不必飞经上海空中走廊，以节省时间。我国有关部门考虑到如不经上海空中走廊，则手续复杂，且省时不多，没有同意美方的这一要求。出于保密的考虑，中方同意美国专机涂掉标记，成为"不明国籍"的飞机。后来，美国专机正是在中方规定的路线和时间，进入中国领空的。在这种情况下,斯考克罗夫特所说的"险情"是不可能发生的。

斯考克罗夫特是在7月1日下午抵达北京的,专机停在首都机场。中方的保密措施也很严格,所有的会见、会谈和宴请场所及斯考克罗夫特乘坐的汽车、下榻的宾馆,均不悬挂国旗,美方代表团抵达和离京均不发消息。有关活动的摄影事先征得斯考克罗夫特的同意,所拍资料一律封存。

由于斯考克罗夫特在华只停留20多个小时,日程安排得很紧。先由小平同志见他,然后,再由李鹏总理和我同他会谈。这是一次极为重要的访问,关系到当时中美关系向何处去。小平同志对此非常重视,亲自参与并定下了会谈的基调。

7月2日上午,小平同志在会见斯考克罗夫特前,对陪同的李鹏总理和我讲:"今天只谈原则,不谈具体问题。制裁措施我们不在意,吓不倒我们。"

我对小平同志说,不久将举行西方七国首脑会议,不知又会宣布对中国采取什么制裁措施。

小平同志语气坚定地说:"不要说七国,70国也没有用。"又指出,中美关系要搞好,但不能怕,怕是没有用的。中国人应该有中国人的气概和志气。我们什么时候怕过人?解放后,我们同美国打了一仗,那时我们处于绝对劣势,制空权一点没有,但我们没有怕过。中国的形象就是不怕鬼,不信邪。接着,小平同志语重心长地说,做外事工作的人要注意这个问题。

7月2日,邓小平在人民大会堂福建厅会见了斯考克罗夫特。

邓小平说:我知道你一直关心中美关系的发展,1972年尼克松总统和基辛格博士的那次行动,你是参与的,像你这样的美国朋友还有很多。

1989 年 7 月 2 日，邓小平会见秘密来访的美国总统特使斯考克罗夫特

接着，邓小平指出：目前中美关系处在一个很微妙，甚至可以说相当危险的境地。对于导致中美关系向着危险的，甚至破裂方向发展的行动，在美国方面，我们没有看到任何停止的迹象，反而还在加紧步伐。三天前，美国众议院又通过了一个进一步制裁中国的修正案。这种行动还在继续。

邓小平说：好在双方领导层中，都还有比较冷静的人，在美国方面，有布什总统；在我们方面，有我本人和其他中国领导人。但是，这个问题不是从两个朋友的角度能解决的。布什总统要站在美国的利益上讲话，我和中国其他领导人，也只能站在中华民族和中国人民利益的立场上讲话和做出决定。

随后，邓小平进一步指出：问题出在美国。中国没有触犯美国，而美国在很大范围内，直接触犯了中国的利益和尊严。

邓小平还特别指出了美国对中国司法事务的干预，明确告诉斯考克罗夫特，中国的内政决不允许任何人加以干涉，不管后果如何，中国都不会让步。中国领导人不会轻率采取和发表处理两国关系的行动或言论，现在不会，今后也不会。但是，在捍卫中国的独立、主权和国家尊严方面，中国的立场是坚定的。

听了邓小平的话后，斯考克罗夫特说，布什总统是小平同志和中国人民的真正朋友，同伟大的中国和中国人民有直接和密切接触的经历，这在多年来历届美国总统中是独一无二的。

邓小平笑着接过这句话说，他（布什）在北京骑自行车逛街。说到这，大家笑了起来。气氛才松弛下来。

斯考克罗夫特赶紧说：是的，正是由于上述原因，布什总统最近亲笔写信给您，并派我来华转达他的口信。

对于美国制裁中国，斯考克罗夫特做了辩解，说他这次来华，不是谈判解决目前中美关系中困难的具体方案，而是解释布什总统所面临的困境和他要努力维护、恢复和加强中美关系的立场。由于两国内部情况的原因，中美关系出现了尼克松总统第一次访华以来从未遇到过的风波。布什总统对此深感不安，派他作为特使，直飞上万公里秘密访华，没有其他含义，就是要同中国领导人取得联系，维护中美关系。

斯考克罗夫特又说，目前，美国国会要求布什政府采取更加严厉的措施。布什总统反对这种议案，今后还将继续反对，但在国会一致通过制裁中国的情况下，布什总统如使用否决权，将遇到极大困难。总统在控制事态发展方面，并不是万能的。

听了斯考克罗夫特这番"解释"后，邓小平神情严峻地表示，他希望美国政治家和人民了解一个事实：中华人民共和国的历史，是中国共产党领导人民打了 22 年仗，如果算上抗美援朝，则是打了 25 年仗，牺牲了 2 000 多万人，才赢得了胜利。中国是一个独立的国家，执行独立自主的和平外交政策，中国的内政不容任何外人干涉。中国不会跟着人家的指挥棒走。不管遇到什么困难中国都能顶得住。中国没有任何力量能取代中国共产党的领导。这不是空话，这是经过几十年考验证明了的。任何国家同中国打交道，都应遵循和平共处五项原则，包括平等互利、互相尊重、不干涉内政的原则。我们希望中美关系能在遵循和平共处五项原则的基础上继续发展，妥善处理各种问题。否则，关系变化到什么地步，责任不在中国。

邓小平最后强调："阁下刚才讲的话，有些我们同意，相当一部分我们看法不一样，但这没关系。结束这场不愉快的事，要看美国的言行。"

讲完这席话后，邓小平就向客人告退，并请斯考克罗夫特继续与李鹏总理谈。

斯考克罗夫特在邓小平离开前，客气地说："邓主席身体很好。"

邓小平反应敏捷，马上幽默地回答道："老了，85 岁了。《美国之音》放出谣言，说我病重，死了，可见谣言不可信。"这样既回答了对方的客套问候，又不动声色地批评了美国媒体的不实报道，还巧妙地指出，美国政府在谣言的基础上制定对华制裁政策，是极不明智的。

据陪同斯考克罗夫特来中国的一位美国人回忆：当时邓小平说，"我把布什总统当作朋友，是因为自从我与他交往以来，我觉得他是个说话算数的人……他很少说空话假话"。但是邓小平在评价中美关系时，态度很强硬，极其严肃。谈及"六四"时，他说，那个事件"是一次地震，十分不幸的是美国人也涉足太深……美国对外政策的各个方面实际上是把中国逼入墙角……那场反革命暴乱的目的是颠覆中华人民共和国和我们的社会主义制度。如果让他们得逞，就会天下大乱。坦率地说，这有可能导致战争"。邓小平接着谴责了美国帮助那些试图推翻中国政府的人，并且说，美国的媒体夸大了暴力程度，干涉中国内政。

邓小平说，"看来仍有希望维持我们原来的良好关系……我相信这是布什总统的愿望。我本人也有同样的愿望。但这种性质的问题是不能从两个人做朋友的角度加以解决的"。两国之间的分歧是由美国引起的，美国"在很大程度上侵犯了中国的利益……解铃还须系铃人，这取决于美国不再火上浇油"。斯考科罗夫特在答复时重申，布什总统坚信应当与中国维持良好关系；这样做符合美国的国家利益。布什也希望邓小平理解美国总统当时受到的政治限制。邓小平请斯考科罗夫特转达："我对我的朋友布什总统的友情……无论我们两国政府之间在这个问题上谈得如何，只要他继续把我当朋友，我也会同样对待他。"斯考科罗夫特试图向邓小平解释美国为何对个人自由有如此深的感情。邓小平在会谈结束时说，他不同意斯考科罗夫特的很多说法，"为了结束中美关系的这段不幸插曲……要看美国采取何种行动"。

十多天后，7月14日至16日，西方七国首脑和欧洲共同体主席在法国巴黎召开会议，在其发表的政治宣言中"谴责"中国平息反革命暴乱是所谓"中国违反人权的暴力镇压"，追随美国宣布对中国采取中止高层政治接触、延缓世界银行贷款等"制裁"措施。

在这种情况下，邓小平明确指出：中国绝不会接受任何国家干涉中国内政。中国不怕制裁，外国也没有权力制裁中国。

斯考克罗夫特回到美国后，向美国总统布什报告了邓小平与他会谈的情况。7月28日，布什再次秘密致信邓小平。布什在来信中感谢邓小平接见斯考克罗夫特，同时通报了在不久前召开的西方七国集团首脑会议上，美国和日本曾把一些非常令人激怒的措辞从指责中国的公报中删去；另一方面又为美国干涉中国内政进行辩护，试图把中美关系发生困难的责任推给中方。布什在信中说："您在接见斯考克罗夫特时提到一句中国的成语：'解铃还须系铃人'。这正是我们的难题。您认为我们的行动是'系铃'。而我们认为，正是后来发生的事情才是'系铃'。我非常尊重中国关于不干涉内政的一贯立场。因此,我也知道当我建议现在可能采取何种行动时,我在冒损害我们友谊的风险。但是,我们双方曾竭力加强的美中友谊要求一种只有朋友才能表达的坦率。目前,美国国会继续试图压我断绝与中国的经济关系,但我将尽力防止这条船摇摆过度。"

布什总统在信中还说:"请理解这是一封亲笔信,它来自一个希望看到我们共同前进的人。如果我跨越了建设性的建议与'干涉内政'之间无形的门槛,请不要对我生气。在我们上次会面时,您告诉我,您已将更多的日常事务交给其他人。但我出于尊敬,出于一种亲密和友谊的感情向您求教。您几经起伏,经历了所有这些事件。现在我请求您同我一起展望未来。这是一个具有戏剧性变化的未来。美国和中国对这个令人激动的未来都能做出很大贡献。如果我们能够使我们的友谊重新回到正轨,那么,我们都能为世界的和平和我们两国人民的幸福做更多的事。"

8月11日,邓小平给布什总统复信,首先赞赏他对保持和发展中美关系的重视以及为此做出的努力,然后,就"解铃""系铃"的含义,特别做了解释。

邓小平说,"我说过'解铃''系铃'的话,意思是:美国深深地卷入了中国的内政,其后又带头对中国进行制裁,在很大范围内触犯了中国的利益和尊严,由此引起的中美关系的困难,责任完全在美国方面,应由美国来解决。美国对华采取的制裁措施还在继续,干涉中国内政的事件仍时有发生。我希望这种情况早日改变,相信布什总统在这方面是可以有所作为的"。

曾任中国驻美国大使朱启祯后来回忆说:"在这样的情况之下,也是小平同志出来掌舵,确定当时对美国的一个总方针。第一个思想就是对美国方面强调:国与国之间的关系应该遵循不干涉内政的原则,而且这个原则都在双方公报中间表明了的,所以中国绝对不会接受任何国家干涉中国的内政。另外一个思想是我们绝对不会乞求美国来取消制裁。因此中美关系的改善应该由美国采取主动，如果我们乞求美国取消制裁，我们中国就站不住，我们就要丧失我们的国格。第三个思想就是任何两国之间的关系，都要首先考虑到自己本国的战略利益，同时要尊重对方利益，而不应该让价值观念和社会制度的差异来干扰两国之间的关系。"

斯考克罗夫特秘密访华，是美国宣布制裁中国后双方高层之间的首次接触。这次秘密访问对防止两国关系继续恶化起了一定的积极作用。但是，由于美国继续制裁中国，双方关系仍然处于僵持状态。

9月4日，邓小平在同几位中央负责同志的谈话中谈到国际形势，他分析：国际形势有一个战争问题，美苏两家打不起来，就没有世界大战。小的战争不可避免。发达国家欺侮落后国家的政策没有变。世界上希望我们好起来的人很多，想整我们的人也有的是。我们自己要保持警惕，放松不得。要维护我们独立自主、不信邪、不怕鬼的形象。我们绝不能示弱。你越怕，越示弱，人家劲头就越大。战争我们并不怕。我们分析世界大战打不起来，真打起来也不怕。中国有抵御外敌入侵的丰富经验，打垮了侵略者，我们再来建设。

邓小平说，对于国际局势，概括起来就是三句话：第一句话，冷静观察；第二句话，稳住阵脚；第三句话，沉着应付。不要急，也急不得。要冷静、冷静、再冷静，埋头实干，做好一件事，我们自己的事。

9月16日，邓小平会见了来访的美籍华人李政道教授。这时，邓小平刚从北戴河休假回到北京不久。

邓小平和李政道是老朋友了。李政道为了帮助中国发展高科技，从1984年开始，几乎年年来中国。每次来，邓小平都会会见他。

一见面，邓小平便笑容满面地对李政道说："我的身体还好，头脑还清楚，记忆力还不错。"邓小平一连用了三个"还"字。"在北戴河每天游泳一个小时，我不喜欢室内游泳池，喜欢在大自然里游泳，自由度大一些，有股气势。"

邓小平告诉李政道："我在练习怎样适应完全退下来以后的生活。几十年了，一直在繁忙的工作中，就是后来事情管得不多了，脑子里也放不下问题，总在活动。"

当李政道对邓小平说"您的健康是中国稳定的需要"时，邓小平说："我历来不主张夸大一个人的作用，这样是危险的，难以为继的。把一个国家、一个党的稳定建立在一两个人的威望上，是靠不住的，很容易出问题。所以要搞退休制。我已经八十五岁了，多年来我提出退休，每次都遭到大家的反对。""最近香港传说我被刺了，病危了，引起股票市场波动。这说明早退好些，希望在较短的时间里实现。"邓小平接着说："你是我们最好的朋友，就算谈谈心吧！""我主要就是希望完全退下来，但是动乱我要管。"

李政道说："您制定的开放政策确定了中国现在和将来的方针。您的身体健康对中国的前途有很大作用。"

邓小平说："现在我可以肯定，经过动乱，中国的四个现代化和改革开放事业可以搞得更好。动乱给我们上了一堂大课……如果不坚持四项基本原则，动乱就平息不了。""西方世界确实希望中国动乱。不但希望中国动乱，也希望苏联、东欧都乱。美国，还有西方其他一些国家，对社会主义国家搞和平演变。美国现在有一种提法：打一场无硝烟的世界大战。我们要警惕。资本主义是想最终战胜社会主义，过去拿武器，用原子弹、氢弹，遭到世界人民的反对，现在搞和平演变。别国的事情我们管不了，中国的事情我们就得管。"

邓小平主要讲了两点：第一，中国目前局势是稳定的。第二，中国人吓不倒。邓小平请李政道转告美国所有对中国友好和不友好的人，在判断中国局势的时候，这两点是必须看清楚的根本的两点。

　　10 月 26 日，邓小平会见来访的泰国总理差猜·春哈旺。在谈到巴黎七国首脑会议决定制裁中国问题时，他说：中国搞社会主义，是谁也动摇不了的。我们搞的是有中国特色的社会主义，是不断发展社会生产力的社会主义，是主张和平的社会主义。过去两个超级大国主宰世界，现在情况变了。但是，强权政治在升级，少数几个西方发达国家想垄断世界，这点我们看得很清楚。巴黎七国首脑会议就体现出来了，就是在这个会上决定制裁中国，他们使用经济手段，也使用政

1989 年 10 月 26 日，邓小平会见当时的泰国总理差猜

治手段，如高级官员不接触。这个东西对中国有什么影响？美国也好，法国也好，他们的决策人至少有两点对中国认识不清。第一，中华人民共和国是打了 22 年仗建立起来的，建国后又进行了 3 年抗美援朝战争。没有广泛的群众基础，不可能取得胜利。这样一个国家随便就能打倒？不可能。不但国内没有人有这个本领，国际上也没有人有这个本领，超级大国、富国都没有这个本领。第二，世界上最不怕孤立、最不怕封锁、最不怕制裁的就是中国。建国以后，我们处于被孤立、被封锁、被制裁的地位有几十年之久。但归根结底，没有损害我们多少。为什么？因为中国块头这么大，人口这么多，中国共产党有志气，中国人民有志气。还可以加上一点，外国的侵略、威胁，会激发起中国人民团结、爱国、爱社会主义、爱共产党的热情，同时也使我们更清醒。所以，外国的侵略、威胁这一套，在我们看来并不高明，而且使我们可以从中得到利益。事实证明，那些要制裁我们的人也开始在总结经验了。总之，中国人民不怕孤立，不信邪。不管国际风云怎么变幻，中国都是站得住的。这是我讲的怎样真正认识中国的话。

按照邓小平提出的正确方针，中国政府对以美国为首的西方国家进行了坚决的和有理、有利、有节的斗争。美国政府也逐渐意识到孤立中国未必于自身利益有利。从 10 月开始，美国方面不断派人来中国进行沟通。先是 10 月下旬美国前总统尼克松访华。

10 月 31 日，邓小平在人民大会堂福建厅会见了尼克松。

尼克松是 1969 年 1 月就任美国第 37 任总统的。当时的中美关系仍处于敌对状态。他入主白宫后，意识到苏联已成为美国的一个"非常强大、有力和咄咄逼人的竞争者"，认为如果没有 7 亿人口的中国，"要建立稳定持久的国际秩序是不可设想的"。他希望同中国对话。1970 年年初，在美方的积极倡议下，中断了两年多的中美大使级会谈在华沙举行。

1989 年 10 月 31 日，邓小平会见美国前总统尼克松

1972 年 2 月，尼克松访问中国，开启了中美关系的"破冰之旅"。在这次访问期间，中美签署了联合公报。在告别宴会上，尼克松说："今后我们要做的事情是建造一座跨越 1.6 万英里和 22 年敌对情绪的桥。"

邓小平第一次和尼克松会面是在 1979 年访问美国期间。那时中美关系已经实现正常化了。

此后，尼克松多次访问中国，邓小平每次都会见他。

这次会见是邓小平宣布退休之前会见的最后一位西方客人。

见面后，邓小平说："你是在中美关系非常严峻的时刻到中国访问的。"

尼克松说："我来过中国多次，每次都受到欢迎。"

邓小平说："主要是你做的事情值得我们赞赏和关注。"

接着，邓小平回顾了尼克松对改善中美关系做出的贡献。他提出：从 1949 年中华人民共和国成立到 1972 年，23 年间，中美关系处于敌对状态。在你担任总统的时候，改变了这个状况。我非常赞赏你的看法，考虑国与国之间的关系主要应该从国家自身的战略利益出发。着眼于自身长远的战略利益，同时也尊重对方的利益，而不去计较历史的恩怨，不去计较社会制度和意识形态的差别，并且国家不分大小强弱，都相互尊重、平等相待。这样，什么问题都可以妥善解决。用这样的思想来处理国家关系，没有战略勇气是不行的。所以，你 1972 年的中国之行，不仅是明智的，而且是非常勇敢的行动。我知道你是反对共产主义的，而我是共产主义者。我们都是以自己的国家利益为最高准则来谈问题和处理问题的。在这样的大问题上，我们都是现实的，尊重对方的，胸襟开阔的。我们在同苏联和东欧国家改变几十年不和关系的时候，总是首先肯定应该结束过去，开辟未来。现在是否可以这样说，我们同美国也应该结束这几个月的过去，开辟未来。

尼克松谈到了目前两国关系正面临着严重考验，希望两国政治家想办法，使两国的正常关系得到恢复和发展。

邓小平指出：坦率地说，北京不久前发生的动乱和反革命暴乱，首先是由国际上反共反社会主义的思潮煽动起来的。很遗憾，美国在这个问题上卷入得太深了，并且不断责骂中国。中国是真正的受害者。中国没有做任何一件对不起美国的事。可以各有各的看法，但不能要我们接受别人的错误指责。美国公众得到的情报来自"美国之音"和美国报刊，什么"天安门血流成河"，死了多少万人，连具体数字都有。"美国之音"太不像话，一批撒谎的人在干事，连起码的诚实都没有。如果美国领导人根据"美国之音"定调，制定国策，要吃亏的。

邓小平强调：我们不能容忍动乱，要稳定，稳定才能搞建设。道理很简单：中国人这么多，底子这么薄，没有安定团结的政治环境，没有稳定的社会秩序，什么事也干不成，稳定压倒一切。我不说西方国家的政府，但至少西方有一些人要推翻中国的社会主义制度，这只能激起中国人民的反感，使中国人奋发图强。

针对西方国家的一些人用人权问题攻击中国，邓小平说："人们支持人权，但不要忘记还有一个国权。谈到人格，但不要忘记还有一个国格。特别是像我们这样第三世界的发展中国家，没有民族自尊心，不珍惜自己民族的独立，国家是立不起来的。"

邓小平说："请你告诉布什总统，结束过去，美国应该采取主动，也只能由美国采取主动。美国是可以采取一些主动行动的，中国不可能主动。因为强的是美国，弱的是中国，受害的是中国。要中国来乞求，办不到。哪怕拖一百年，中国人民也不会乞求取消制裁。如果中国不尊重自己，中国就站不住，国格没有了，关系太大了。中国任何一个领导人在这个问题上犯了错误都会垮台的，中国人民不会原谅的。这是我讲的真话。"

邓小平还说："国家关系应该遵守一个原则，就是不要干涉别国的内政。中华人民共和国决不会容许任何国家来干涉自己的内政。外国的干涉在某个时候可以给我们造成困难，甚至造成动乱，但动摇不了中华人民共和国。""我可以肯定地告诉你，谁也不能阻挡中国的改革开放继续下去。为什么？道理很简单，不搞改革开放就不能继续发展，经济要滑坡。走回头路，人民生活要下降。改革的趋势是改变不了的。不管我在不在，不管我是否还担任职务，十年来由我主持制定的一系列方针政策绝对不会改变。我相信我的同事们会这样做。"

邓小平最后说："中美关系有一个好的基础，就是两国在发展经济、维护经济利益方面有相互帮助的作用。中国市场毕竟还没有充分开发出来，美国利用中国市场还有很多事情能够做。我们欢迎美国商人继续进行对华商业活动，这恐怕也是结束过去的一个重要内容。"

对于这次会见，尼克松后来记述道：

在天安门广场事件以后，一些观察家要求美国惩罚中国领导人，断绝一切关系，实行广泛的制裁，并孤立中国人。然而，如果破坏中美关系，那将会是一个可悲的错误，既不符合我们的利益，也不符合中国人民的利益。

1989 年对中国进行的第六次访问可能是在我 17 年以前做第一次旅行以来最敏感、最有争论的访问。这一次，几乎我的所有亲密的朋友都极力劝我不要去。他们预言：批评我的人会无情地对我进行谴责。但是，我相信，为了尽一切努力来恢复世界上最重要的双边关系之一的势头，自己的形象遭受危险也是十分值得的。

当时，我并不知道布什总统曾经在 10 月（应为 7 月）初派秘密的代表团到了北京，然而，即使我知道有这个代表团，我也会执行我自己的计划。我知道我在实现我们两国的和解方面所起的作用，使我有了作为中国"老朋友"的受到特殊待遇的地位。我知道即使我说了中国领导人不想听的话，他们也会听。为了强调我的访问在他们心目中的重要性，并且使这次访问具有两党一致的性质，我邀请著名的中国问题专家、前卡特政府中国问题高级顾问迈克尔·奥克森伯格博士陪我一起去。在我离开之前还同两党的一些参议员和众议员进行过磋商。

10 月 31 日，会见了邓小平，这也许是我同他的最后一次会见。这也是他在宣布退休以前最后一次会见一位西方人物。

我首先对邓小平说："我对中美关系仔细观察了 17 年。在这种关系中，从来没有出现过像现在这样严重的危机。因为这一次感到关切的不是中国的敌人，而是中国的朋友。在我们的会谈中，我们必须研究这些分歧，并弥补美国国内对中国友好的人对一些中国领导人的尊敬遭受到的损害。"

在此行的早先一些会见中，邓小平在领导机构中的同事一再提出的看法显然是目前党的看法。他们引用中国的一句谚语"解铃还须系铃人",说我们两国关系是美国的过错,因为一些学生闹事纯属内政事务,而美国对此作出了过火的反应。邓小平老练得多。他说:"在结束前不久在我们之间发生的这件事方面,美国应当采取主动。中国弱小,美国强大。我关心的不是仅仅想保全面子。如果我和我的同事不能维持人们对中国的尊敬,我们就应当下台,这是一个普遍的原则。"邓小平用一位老革命家的口吻发出呼吁。作为一个几代以来曾经深受外国统治和剥削之害的国家的领导人要求给予理解。

然而,在我同中国领导人进行的历时三小时的毫无限制的会谈结束时,我比以前任何时候更加确信,邓小平是当代最重要的领导人之一。

尼克松回国后不久,11 月 6 日,美国总统布什致信邓小平,表示:美国与苏联即将举行的首脑会晤不会损害中国的利益。当初尼克松访华的地缘政治因素依然存在,今天,美中两国在许多重要领域有着相似的利益。来信建议,在同苏联领导人戈尔巴乔夫会晤后,美国将派特使访华,向邓小平通报会晤情况,探讨如何使美中关系正常化。

收到布什来信时,邓小平也在考虑如何解决中美关系中的关键问题。几天后,也就是 11 月 10 日,基辛格博士来访。邓小平在人民大会堂会见了来访的美国前国务卿基辛格。

这时,正是邓小平正式退休的第二天。

基辛格是中国人民的老朋友,对发展中美关系做出过很大贡献。他是邓小平会见最多的外国朋友之一。他们第一次会见是在 1974 年 4 月。

1974 年 4 月,联合国总部决定召开联合国大会第六届特别会议,中国政府决定派代表团前往参加。这是中国在恢复联合国安理会常任理事国席位后首次派遣高级代表团出席这样一个重要的会议，因而必须派出在外交和国际经验上卓有声望的人率团参加。由谁担任代表团团长，在中央政治局会议上还是进行过一番争论的。当时，周恩来总理身染重病，不宜远行。刚刚恢复工作的邓小平，虽然担任国务院副总理职务，但还不是中央政治局常委。江青极力反对他率团出席。最后，还是毛泽东点了邓小平的将，由邓小平担任中国政府代表团团长。4 月 6 日，周恩来破例率领中央政治局委员和在京的党政军各部门负责人以及各界群众 4 000 余人在北京机场组织了一场盛大的欢送仪式，为邓小平和全体团员送行。

与此同时，全世界都在关注着中国代表团的到来。西方的政治家们纷纷猜测邓小平究竟是个什么样的人物。

4 月 10 日下午，在外界的关注中，中华人民共和国代表团团长、政府副总理邓小平健步走上联合国大会讲台，从容老练地摊开讲稿，面对 100 多个国家的代表团和众多记者，开始了他明快的发言。邓小平精辟地阐述了毛泽东主席提出的"三个世界"的理论。他说："从国际关系的变化看，现在的世界实际上存在互相联系又互相矛盾着的三个方面、三个世界。美国、苏联是第一世界。亚非拉发展中国家和其他地区的发展中国家，是第三世界。处于这两者之间的发达国家是第二世界。"

邓小平代表中国政府向国际社会提出建立国际经济新秩序的基本主张，也就是国家之间的政治和经济关系应当建立在和平共处五项原则的基础上。各国的事务应当由各国人民自己来管。发展中国家人民有权自行选择和决定他们自己的社会、经济制度。

邓小平还庄严声明：中国是一个社会主义国家，也是一个发展中国家，中国属于第三世界。

邓小平长达数小时的发言震动了整个会场，赢得了广大发展中国家的称赞。发言结束后，许多国家的代表纷纷与邓小平握手致意。世界各大报和电台也纷纷报道邓小平的发言。中国政府的外交又一次震动了全世界。

邓小平的个性风采为世界所瞩目。

时任美国政府代表团团长的亨利·基辛格多年后回忆当时的情景时说："说实话，我那时不知道他是谁。因为他在中国的'文化大革命'中受到迫害。所以我们那时认为他是中国代表团的一名顾问，甚至不知道他是中国代表团的团长。但他处理事情的果断能力以及对事物的洞察力给我留下了深刻印象。"

4月14日，担任美国国务卿兼总统国家安全事务助理、美国政府代表团团长的基辛格举行宴会，邀请邓小平参加。在这次宴会上，他们第一次相识，从此开始了他们长达十多年的交往。

当基辛格来到会见大厅时，邓小平身着深灰色中山装，精神矍铄、满面笑容地迎上前去同他热情握手。邓小平当着几十名中外记者的面对基辛格说：博士，你好。咱们是朋友之间的见面。你大概知道，我已经退下来了。中国现在很稳定，我也很放心。

基辛格说：你看起来精神很好，今后你在中国的发展中仍起着巨大的作用，正像你在过去所起的作用那样。你是中国改革的总设计师。

邓小平笑着回答道：我仍是中华人民共和国的公民，中国共产党的党员，在需要的时候，我还要尽一个普通公民和党员的义务。你现在不当国务卿了，不也还在为国际事务奔忙吗？

邓小平在谈到国际问题时指出：第二次世界大战后，建立了世界新格局。现在发生了变化，原来的秩序被打乱了，地区问题一个也没有解决。现在需要国际政治家来考虑建立国际政治新秩序这个问题。

谈到中美关系问题时，邓小平提出了一揽子解决中美关系纠葛的建议，请基辛格转告布什总统。建议内容包括：一、在一定前提条件下，解决方励之问题，让方励之夫妇离开美国驻华使馆，到美国或某第三国去；二、美国采取适当方式，明确宣布取消对华制裁；三、双方共同努力，争取在较近期内落实几项较大的中美经济合作项目；四、建议美方邀请江泽民总书记于第二年适当时间正式访美。

邓小平指出：中美合作的基础是有的。那种按社会制度决定国与国关系的时代过去了。不同社会制度的国家完全可以和平共处，发展友谊，找到共同的利益。中美之间肯定能够找到共同的利益。

11 月 15 日，邓小平回复了布什总统 11 月 6 日的来信。邓小平在信中指出：我一直把你看作中国的朋友，并非常希望在你任期内中美关系得到发展，而不是倒退。在我退休的时候，改变中美关系目前恶化的局面是我的心愿。读了你 6 日的信后，我对中美两国如何共同采取步骤恢复和发展友好关系的问题，产生了一些想法。我已委托基辛格博士向你当面转达。我希望并相信将能得到你的积极响应。我本人和中国政府欢迎你派私人特使访华。

两天后，11 月 17 日，邓小平会见美国前驻华大使伦纳德·伍德科克，再次强调：中美要友好相处，这有利于世界的和平和稳定，有利于地区的和平和稳定。我们不做伤害美国的事，美国也不能做伤害中国的事。这次美国官方使用的手段太厉害，甚至连回旋余地也没留。中国是不怕孤立的，是不怕压力的，同中国闹僵没好处。要尽早结束这个纠葛，最好不要超过今年，为什么 80 年代的事情要拖到 90 年代？解决中美之间半年的纠葛，不管美国使用什么语言、方式，要在实质上结束制裁。我们希望短期内解决这个纠葛。作为一条原则，将来两国之间如果发生纠纷和争执，双方都应该采取克制态度来解决纠葛。

基辛格回国后向布什总统转达了邓小平的意见。美方很快做出反应。布什即于 12 月 1 日致信邓小平，提出在马耳他美苏首脑会晤后一周内，将派国家安全事务助理斯考克罗夫特作为特使公开访华，向中方领导人通报美苏首脑马耳他会晤情况。信中还要求中方对邓小平提出的结束中美关系纠葛的一揽子建议做出进一步的澄清，表示希望并相信可以找到恢复两国关系的途径。布什在信中表示，他正在为"解铃"而做出努力，请中方也予以协助，共同做出努力。

12月9日，斯考克罗夫特再访北京，主要陪同人员依然是副国务卿伊格尔伯格。这次访问与半年前的秘密访问不同，是公开进行的。

当天，中国外交部部长钱其琛即同斯考克罗夫特进行了第一次会谈。钱其琛向斯考克罗夫特说明，邓小平提出一揽子方案的考虑是：第一，从两国的根本利益出发，尽快结束纠葛，开辟未来。第二，中美之间达成的解决办法，必须同步或基本同步实现。第三，将来两国之间如果发生纠纷和争执，双方都应该采取克制的态度，保持接触，解决问题。钱其琛进一步表示，邓小平提出的一揽子方案，充分表明了中方解决中美纠葛的诚意，也充分考虑了美方的反应及布什总统来信中的想法。

第二天上午，邓小平会见斯考克罗夫特。

邓小平认为斯考克罗夫特这次访问是非常重要的行动，中美两国尽管有些纠葛，有这样那样的问题和分歧，但归根到底中美关系是要好起来才行。这是世界和平和稳定的需要。中国在国际上有特殊的重要性，如果中国动乱，问题就大得很了，肯定要影响世界。邓小平认为，中国威胁不了美国，美国不应该把中国当作威胁自己的对手。两国相处，要彼此尊重对方，尽可能照顾对方，这样来解决纠葛。只照顾一方是不行的。双方都让点步，总能找到好的都可以接受的办法。他请特使转告布什总统，在东方的中国有一位退休老人，关心着中美关系的改善和发展。

这次访问刚过，中美关系即出现了改善的趋势。美国宣布同意卖给中国3颗通信卫星，并将支持世界银行向中国发放用于人道主义目的的贷款。

但此时，东欧局势发生巨变，特别是罗马尼亚共产党执政的政府被推翻，领导人齐奥塞斯库于 12 月 25 日被枪杀。美国开始重新评估世界的整个形势，突然变得又不急于与中国改善关系了。1990 年 4 月，中方提出派特使秘密访问美国，一方面通报李鹏总理访问苏联的情况，一方面就两国关系中的问题交换意见。美方则以目前美国国内气氛不适合来访为由，加以拒绝。不久，美国方面又提出，两国官员可以在第三国见面，中方没有接受。

1990 年 5 月 14 日，邓小平托来访的埃及总统穆巴拉克转告美国总统，提醒他不要因东欧事情过分兴奋，也不要用同样的方式来处理中国问题和中美关系。否则，双方很难不发生摩擦，甚至导致冲突。这对两国都不利。

这时，东欧剧变，苏联国内局势动荡，美国国内有人认为美国不需要与中国合作了，开始鼓吹"遏制中国"。中美关系重新陷入僵持阶段。但海湾危机爆发后，为得到中国在海湾问题上的支持，美国不得不重新估价中美关系，又试图改善两国关系。

8 月 31 日下午，美国驻华大使馆向中方转交了布什总统致邓小平的一封信。布什在信中表示，美国不会"缩小"或"降低"具有重要战略性意义的中美关系。美国对中国就伊拉克占领科威特所采取的原则立场表示赞赏。

直到 1991 年 10 月美国国务卿贝克访华，美国对中国的制裁才开始被打破。

从宣布"制裁"中国开始，其他一些西方国家出于自身利益考虑，在政策和做法上表现得也并不一致。日本率先于 1990 年取消对华"制裁"。随后，其他一些国家和国际组织也相继取消对华"制裁"。到 1991 年底，中国同大多数西方国家的关系基本上回到正常轨道。

伴随着西方国家对华"制裁",国际局势的另一个方面,就是东欧社会主义国家动乱加剧,各国长期执政的共产党先后失去执政地位。特别是苏联的局势在此后开始发生了急剧的变化。

1989年6月,波兰议会举行大选,团结工会获胜。9月组成了以团结工会为主体的东欧第一个非共产党领导的政府。

10月,匈牙利社会主义工人党改名为匈牙利社会党,国家实行议会民主和多党制。1990年春,在议会选举中获胜的匈牙利民主论坛、小农党和基督教民主人民党组成联合政府。

11月,被视为冷战时象征的"柏林墙"被推倒。民主德国政府不断改组,在11月17日组成联合政府。1990年10月3日,民主德国并入联邦德国,两个德国宣布正式统一。

11月,保加利亚共产党领导人日夫科夫被迫辞职,接着,保加利亚共产党同意组织联合政府。1990年保加利亚共产党改名为社会党。

11月,捷克斯洛伐克共产党领导层发生分裂,联邦议会选举产生了"民主谅解政府",由"民众论坛"领导人哈韦尔出任总统,次年6月成立了排斥捷共的新政府。

12月,罗马尼亚政府倒台,原总统尼古拉·齐奥塞斯库及其妻子被处死。救国阵线接管政权后宣布罗共为非法。

1990年东欧形势依然动荡。年初,南斯拉夫实行多党制,战后执政了40多年的南共联盟解体。南共各共和国先后举行多党制议会选举。大选后,斯洛文尼亚、克罗地亚、波黑、马其顿4个共和国原共盟失去执政地位,并先后宣布国家脱离南联盟独立。

阿尔巴尼亚也开始实行多党制。

这时的苏联也处在一片混乱之中,而且局势越来越严重。

面对东欧社会主义阵营的崩塌,1989年9月3日,邓小平在住地同身边人员谈国际问题时指出:切不要打旗,不要去干涉别国的事情。关键是自己要搞好，自己搞好了，本身就是对国际共运的贡献，是对马列主义的贡献。第二天上午，邓小平在住地同江泽民、李鹏、乔石、姚依林、宋平、李瑞环、杨尚昆、万里谈话时指出：东欧、苏联乱，我看也不可避免，至于乱到什么程度，现在不好预料，还要很冷静地观察。在这些国家动乱的时候，中国要真正按计划实现第二个翻番，这也就是社会主义的一个成功。到 21 世纪 50 年代，如果我们基本上实现现代化，那就可以进一步断言社会主义成功。现在的问题不是苏联的旗帜倒不倒，苏联肯定要乱，而是中国的旗帜倒不倒。因此，首先中国自己不要乱，认真地真正地把改革开放搞下去。没有改革开放就没有希望。中国只要这样搞下去，旗帜不倒，就会有很大影响。别人的事情我们管不了，只讲一个道理：中国的社会主义是变不了的。中国肯定要沿着自己选择的社会主义道路走到底。我们对社会主义的前途充满信心。

1989 年 11 月 23 日，邓小平会见当时的坦桑尼亚革命党主席尼雷尔

11月23日，邓小平在会见南方委员会主席、坦桑尼亚革命党主席尼雷尔时说："西方国家正在打一场没有硝烟的第三次世界大战。所谓没有硝烟，就是要社会主义国家和平演变。东欧的事情对我们说来并不感到意外，迟早要出现的。东欧的问题首先出在内部。西方国家对中国也是一样，他们不喜欢中国坚持社会主义道路。"

到了1990年，东德、波兰、匈牙利、保加利亚、捷克斯洛伐克、罗马尼亚等国的动荡仍在不断加剧。

从20世纪90年代开始，随着苏联社会政治经济矛盾的不断加剧，苏联在迅速瓦解。在80年代末期，波罗的海沿岸三国——爱沙尼亚、拉脱维亚、立陶宛最先发出了独立的呼声。接着，格鲁吉亚宣布主权独立。到1990年年底，苏联15个加盟共和国全部通过了关于主权独立的决定，其中4个明确表示退出苏联。

1990年3月3日，邓小平在住地同江泽民、杨尚昆、李鹏谈话。他指出：看起来，我们过去对国际问题的许多提法，还是站得住的。现在旧的格局在改变中，但实际上并没有结束，新的格局还没有形成。和平与发展两大问题，和平问题没有得到解决，发展问题更加严重。世界格局将来是三极也好，四极也好，五极也好，苏联总还是多极中的一个，不管它怎么削弱，甚至有几个加盟共和国退出去。所谓多极，中国算一极。我们对外政策还是两条，第一条是反对霸权主义、强权政治，维护世界和平；第二条是建立国际政治新秩序和经济新秩序。不管苏联怎么变化，我们都要同它在和平共处五项原则的基础上从容地发展关系，包括政治关系，不搞意识形态的争论。

邓小平还指出：对国际形势还要继续观察。世界上矛盾多得很，大得很，一些深刻的矛盾刚刚暴露出来。我们可利用的矛盾存在着，对我们有利的条件存在着，机遇存在着，问题是要善于把握。

当天下午，邓小平会见美国西方石油公司董事长阿曼德·哈默博士。在回答怎样看待苏联国内问题时，邓小平指出：对戈尔巴乔夫这个时期的所作所为，我们是有不同看法的，但我们没有必要进行过分的批评。我们希望他们的情况好起来。苏联的问题比我们多。我们希望中苏关系搞好，更希望中美关系搞好。

6月11日下午，邓小平会见包玉刚。在谈到东欧剧变问题时说：美国得分是最多的，苏联是大大削弱了。由于东欧的变化而引起的问题还没有完全显露出来。如果走东欧这条路，中国就完了。东欧发生的事情说明中国的"四个坚持"是搞对了。

邓小平认为，东欧的剧变这点小风波吹不倒我们，国际局势虽然有消极、严峻的一面，但也不能看成一片漆黑。不能认为形势恶化到多么严重的地步，不能把我们说成是处在多么不利的地位。实际情况并不尽然。邓小平强调：要冷静地对待变化。我们并不着急，也不悲观，泰然处之。尽管东欧、苏联出了问题，尽管西方七国制裁我们，我们坚持一个方针：同苏联继续打交道，搞好关系；同美国继续打交道，搞好关系；同日本、欧洲国家也继续打交道，搞好关系。这一方针，一天都没动摇过。中国度量是够大的，这点小风波吹不倒我们。

就在第二天，6月12日，俄罗斯发表了主权宣言，其中明确提出：俄是主权国家，联邦宪法和法律在国内有至高无上的权力。苏联法律同俄联邦主权相抵触时，俄将中断其在本土的效力。俄罗斯还宣布，俄有支配本国全部财富、解决本国社会全部问题以及退出苏联的权力。后来这一天被定为俄罗斯的"独立日"，成为他们的国庆节。俄罗斯在苏联各加盟共和国中土地面积最大，人口最多，其国民生产总值占苏联的一半以上。俄罗斯宣布独立了，苏联存在的基础一下子就没有了。

为了挽救苏联解体的危机，戈尔巴乔夫提出了新的结盟原则，并草拟了一个新联盟条约。

1990年12月24日，邓小平同江泽民、杨尚昆、李鹏谈话。邓小平指出：现在国际形势不可测的因素多得很，矛盾越来越突出。过去两霸争夺世界，现在比那个时候要复杂得多，乱得多。第三世界有一些国家希望中国当头。但是我们千万不要当头，这是一个根本国策。这个头我们当不起，自己力量也不够。当了绝无好处，许多主动都失掉了。中国永远站在第三世界一边，中国永远不称霸，中国也永远不当头。但在国际问题上无所作为不可能，还是要有所作为。我看要积极推动建立国际政治经济新秩序。我们谁也不怕，但谁也不得罪，按和平共处五项原则办事，在原则立场上把握住。

到了1991年8月中旬，戈尔巴乔夫提出的这个尚未签署的条约草案被刊登出来了。这个条约明确规定，苏联采取联邦制，国名改为"苏维埃主权共和国联盟"。各共和国均为主权国家，自然资源归各国所有，本国法律在国内至高无上。缔约国授予联盟的权限是：捍卫联盟及其主体的主权及领土完整，对外缔约、宣战，批准联盟预算和发行货币。

就在预定签署这个条约的前一天，发生了"八一九事件"。

8月19日，塔斯社和苏联中央电视台先后播发了苏联副总统亚纳耶夫令，亚纳耶夫宣布苏联总统戈尔巴乔夫"因健康原因"不能履行总统职责，由他代行，并成立了包括他在内的8人组成的"国家紧急状态委员会"。这个委员会在发表的告全国人民书中称，立即在苏联部分地区实行紧急状态6个月。

事发当天，在北戴河休息的邓小平让身边的工作人员转告中央负责人说：苏联今天发生的事件是紧急的事情，是一个非常事件。中国的表态要研究一下。

8月20日，邓小平又同江泽民、杨尚昆、李鹏、钱其琛谈话，议论苏联发生的"八一九事件"。邓小平认为，世界形势的巨变给中国提供了前进的机遇，但是假如抓不住机遇，其他国家就会迎头赶上，又把中国抛在后面。

两天后，"国家紧急状态委员会"无力掌控局面，戈尔巴乔夫恢复行使总统职权。

8月22日，钱其琛应约会见了苏联驻华大使索洛维约夫。苏联大使向钱其琛转达了戈尔巴乔夫总统给中国领导人的口信，说他健康状况正常，苏联将在近日全面恢复宪法秩序。苏联实行民主变革和认真遵守国际条约、公约和其他义务的方针仍然不变。苏联内阁将致力于在全国恢复法制和经济。钱其琛对苏联大使说，中国政府一贯主张并始终认为苏联的内部事务应当由苏联人民自己来处理。我们相信，在1989年和1991年中苏两个联合公报确定的各项原则基础上，中苏睦邻友好关系将继续得到发展。

仅仅过了两天，8月24日，戈尔巴乔夫即下令解散苏联内阁，25日，他宣布辞去苏共中央总书记职务，并建议苏共中央"自行解散"。同时他还以总统的名义，命令地方苏维埃冻结共产党的财产，停止所有政治党派在苏联军队、执法机关和国家机关中的一切活动。29日，苏联最高苏维埃决定暂停苏共在全国范围的活动。9月初，苏联的最高权力机构——苏联人民代表大会解散。9月6日，苏联宣布承认立陶宛、爱沙尼亚、拉脱维亚3个加盟共和国独立，开启了苏联解体的进程。

10月5日，邓小平会见来访朝鲜劳动党中央委员会总书记、国家主席金日成。邓小平说：我们搞改革开放，要有两手：一手搞改革开放，一手搞"四个坚持"，反对资产阶级自由化。两手中最核心的是发展生产。我们的改革是先从经济上，从改善人民生活上做起，不是从政治上做起。在宣布进行政治体制改革时，我就说过，不赞成美国式的民主。我当面对布什以及其他美国人多次讲，我们不会学美国。我们不赞成西方民主，但是我们也确实要民主，要社会主义民主。现在整个世界的格局还没有定，恐怕要成十年成十年的时间才能形成。在这个过程中，我们主要是观察，少露锋芒，沉着应付。孤立中国，谁也办不到。美国对中国的制裁没有起什么作用。七国集团从宣布对中国制裁的第一天起，就不一致。因为在美国宣布对中国制裁的同时，布什就宣布中国是不能孤立的。

12月8日，俄罗斯、乌克兰、白俄罗斯3个国家的领导人发表共同声明，宣布各共和国退出苏联，建立由独立国家组成的联合体。21日，苏联的11个加盟共和国领导人举行会议，签署成立独立国家联合体协议，宣布苏联不复存在。12月25日，也就是距苏联成立69周年还差5天的时候，戈尔巴乔夫通过电视发表告人民书，宣布停止行使苏联总统职权。戈尔巴乔夫的讲话结束后，飘扬在克里姆林宫上空的苏联国旗黯然落下，接着升起了俄罗斯联邦的三色旗。第二天，苏联最高苏维埃宣布苏联停止存在，苏联解体。27日，俄罗斯联邦在联合国正式取代苏联的席位。

20世纪80年代末90年代初，党中央按照邓小平提出的战略策略方针，处变不惊，妥善应对，成功地打破了西方国家的"制裁"，改革开放和中国特色社会主义事业经受住了考验。面对东欧剧变、苏联解体，中国继续沿着自己选择的社会主义道路走到底。只要中国社会主义不倒，社会主义在世界上将始终站得住。

第三章　原来制定的基本路线、方针、政策，"坚定不移地干下去"

全面经济体制改革到 1988 年时开始出现了一些问题。

这年的 9 月，党中央召开了十三届三中全会，提出了"治理经济环境、整顿经济秩序、全面深化改革"的方针，开始了治理整顿。

从当时我国的实际情况来看，治理整顿是完全必要的、正确的，是我国经济能够持续、健康发展的前提，但并不是要改变改革的方向和我们的基本政策。

然而，有些人借治理整顿又重新挑起了计划和市场的争论。他们认为这几年国民经济中的一些问题，都是因为改革一开始就出现了"方向错误"，大家选择了市场取向，削弱了计划经济。这些人的观点很明确，既然现在经济生活中出现的问题都归因于市场取向，出路就只能是计划取向，应该回到过去计划经济的老路上去，只需要在老体制的基础上进行一些枝节的改良。

应该说，这些人的观点和挑起的争论，为一些政治上别有用心的人煽动动乱提供了一个借口。

1989 年政治风波的发生，促使我们党更加冷静地思考过去、现在和未来。中国的改革到底怎么走，世界在看，全国人民在看。5 月 31 日，邓小平在与李鹏、姚依林谈话时指出：改革开放政策不变，几十年不变，一直要讲到底。国际国内都很关心这个问题。要继续贯彻执行十一届三中全会以来的路线、方针、政策，连语言都不变。十三大政治报告是经过党的代表大会通过的，一个字都不能动。这个我征求了李先念、陈云同志的意见，他们赞成。

6月9日，邓小平在接见首都戒严部队军以上干部时发表讲话，提出了两个需要人们正确认识的问题：一是党的十一届三中全会制定的路线、方针、政策，包括发展战略的"三部曲"（即"三步走"）正确不正确？是不是因为发生了这次动乱，我们制定的路线、方针、政策的正确性发生了问题？我们的目标是不是一个"左"的目标？是否还要继续用它作为我们今后奋斗的目标？二是党的十三大概括的"一个中心，两个基本点"的基本路线对不对？两个基本点就是四项基本原则和改革开放。

邓小平明确回答说："我们第一个翻一番的目标已经完成了，第二个翻一番的目标计划用十二年完成，再往后五十年，达到一个中等发达国家的水平。这就是我们的战略目标。对此，我想我们做出的不是一个'左'的判断，制定的也不是一个过急的目标……现在至少不能

1989年6月，邓小平在中共中央政治局扩大会议上讲话

说是失败的。在六十一年后，一个十五亿人口的国家，达到中等发达国家的水平，是了不起的事情。实现这样一个目标，应该是能够做到的。不能因为这次事件的发生，就说我们的战略目标错了。"

关于第二个问题，邓小平指出："我最近总在想这个问题。我们没有错。四个坚持本身没有错，如果说有错误的话，就是坚持四项基本原则还不够一贯，没有把它作为基本思想来教育人民，教育学生，教育全体干部和共产党员。""改革开放这个基本点错了没有？没有错。没有改革开放，怎么会有今天？这十年人民生活水平有较大提高，应该说我们上了一个台阶，尽管出现了通货膨胀等问题，但十年改革开放的成绩要充分估计够。当然，改革开放必然会有西方的许多坏的影响进来，对此，我们从来没有估计不足。""要说不够，就是改革开放得还不够。"

邓小平在谈到计划与市场的关系问题时指出："我们要继续坚持计划经济和市场经济相结合，这个不能改。实际工作中，在调整时期，我们可以加强或者多一点计划性，而在另一个时候多一点市场调节，搞得更灵活一些。"

以后怎么办？邓小平坚定地回答："我们原来制定的基本路线、方针、政策，照样干下去，坚定不移地干下去。"

邓小平指出："要坚定不移地执行党的十一届三中全会以来制定的一系列路线、方针、政策，要认真总结经验，对的要继续坚持，失误的要纠正，不足的要加点劲。"

6月16日，邓小平在与几位中央负责同志谈第三代领导集体的当务之急时告诫说："如果在这个时候开展一个什么理论问题的讨论，比如对市场、计划等问题的讨论，提出这类问题，不但不利于稳定，还会误事。""要把进一步开放的旗帜打出去，要有点勇气。要多做几件有利于改革开放的事情。"

邓小平指出，第三代领导集体的当务之急是：

第一，经济不能滑坡。凡是能够积极争取的发展速度还是要积极争取，当然不要求像过去想的那么高。这次解决经济滑坡的问题，要清理一下急需解决哪些问题。应该解决的问题要加快解决，要用快刀斩乱麻的办法解决，不能拖。当断不断，要误事。看准了的，积极方面的，有利于发展事业的，抓着就可以干。要在今后的十一年半中争取一个比较满意的经济发展速度。如果再翻一番，没有水分地翻一番，那时候人民就会看到我们的国家、我们的社会主义事业是兴旺发达的。我建议组织一个班子，研究 21 世纪前 50 年的发展战略和规划，主要是制定一个基础工业和运输的发展规划。要采取有力的步骤，使我们的发展能够持续、有后劲。我曾经讲过，经过这次事件，我们只要认真总结过去，考虑未来，我们的发展也许不但更稳、更好，而且可能会更快一点。农业问题也要研究，最终可能是科学解决问题。科学是了不起的事情，要重视科学。

第二，做几件使人民满意的事情。主要是两个方面，一个是更大胆地改革开放，另一个是抓紧惩治腐败。

邓小平提出，要把进一步开放的旗帜打出去，要有点勇气。要多做几件有利于改革开放的事情。外资合作经营要搞，各地的开发区可以搞。现在国际上担心我们会收，我们就要做几件事情，表明我们改革开放的政策不变，而且要进一步地改革开放。在政治体制改革方面，最大的目的是取得一个稳定的环境。我跟美国人讲，中国的最高利益就是稳定。只要有利于中国稳定的就是好事。坚持四项基本原则任何时候我都没有让过步。美国人骂娘、造谣，没什么了不起。

惩治腐败，至少要抓一二十件大案，透明度要高，处理不能迟。要整好我们的党，实现我们的战略目标，不惩治腐败，特别是党内的高层的腐败现象，确实有失败的危险。新的领导要首先抓这个问题。我们一手抓改革开放，一手抓惩治腐败，这两件事结合起来，对照起来，就可以使我们的政策更加明朗，更能获得人心。

第三，平息暴乱抓到底。这是个好机会，一下子就把全国的非法组织取缔了，这实在是好事情。

邓小平指出，除了要集中做好这三件事，还有一点，常委会的同志要"聚精会神地抓党的建设，这个党该抓了，不抓不行了"。

邓小平的这些重要讲话，初步总结了改革开放 10 年来的经验教训，为政治风波后中国的改革发展指明了方向。

但是，1989 年政治风波之后，在批判资产阶级自由化问题的同时，有些人又将这个批判引入经济领域，把"经济市场化"与"政治西方化""言论自由化"等同起来。他们把计划和市场的问题同社会主义基本制度的存废直接联系起来，提出这是一个姓"社"还是姓"资"的问题。他们断定"社会主义经济只能是计划经济"，而"把改革的目标定位在'市场取向'上，把'市场经济'作为我们社会主义的目标模式，就把资本主义生产方式的经济范畴同社会主义生产方式的经济范畴混淆了"。进而，他们断言，市场经济就是取消公有制，就是要否定共产党的领导，否定社会主义制度，搞资本主义。

一时间，"经济市场化"被说成是"资本主义和平演变"的一项主要内容。这严重地干扰了改革的方向，对在治理整顿中尽快理顺经济关系和秩序，进一步深化改革，恢复国民经济的快速发展造成了不利影响。

对于出现的这种情况，邓小平甚为焦虑。

1989 年 11 月，党的十三届五中全会认真分析了我们面临的经济困难，作出了关于进一步治理整顿和深化改革的决定，确定在前段时间遏制通货膨胀、稳定经济形势的基础上，从 1989 年算起，再用 3 年或更长一点时间，基本完成治理整顿的任务。

治理整顿的主要目标是逐步降低通货膨胀率，使全国零售物价上涨幅度逐步下降到 10% 以下，扭转货币超经济发行状况，实现财政收支平衡。在提高效益的基础上保持 5%—6% 的年增长率，改善产业结构，进一步深化和完善改革措施。改革要围绕治理整顿进行。

1989年11月10日，邓小平退休的第二天，他以老朋友的身份会见了来访的美国前国务卿基辛格，在回答如何确保改革开放持续到下一个10年等问题时，邓小平指出：可以肯定地说，谁要走回头路，谁就要垮台。10年改革开放，虽然出了些毛病，现在需要进行治理整顿，但成就是很显著的。我们前进了一大步，使中国上了一个台阶。这一切来之不易。实践证明了我们的方针政策是正确的，加强中央的权力是对的，但并不等于改变过去实行的改革开放以及权力下放等措施。11月23日，邓小平在会见南方委员会主席、坦桑尼亚革命党主席尼雷尔时指出：中国坚持社会主义，不会改变。十三大确定了"一个中心、两个基本点"的战略布局。我们10年前就是这样提出的，十三大用这个语言把它概括起来。这个战略布局我们一定要坚持下去，永远不改变。什么威胁也吓不倒我们，社会主义在世界将始终站得住。12月1日上午，邓小平会见了樱内义雄为团长的日本国际贸易促进协会访华团主要成员。在谈到中国国内问题时邓小平说：我们国家的领导人换代了，现在事情归新一代领导人管了。他们主持全局已经5个多月了，可以看出，中国的发展战略和一系列方针政策，并没有因为我退下来而有任何变化，我们一直坚持党的十一届三中全会以来的路线和各项方针政策，不但这一届领导人要坚持，下一届、再下一届都要坚持，一直坚持下去。

如何加快改革开放的步伐，邓小平把他的眼光投向了上海。

邓小平认为：改革开放上海要有大动作。

邓小平对上海有着特殊的感情。1920年，16岁的邓小平正是从这里乘坐法国邮轮赴法勤工俭学，开始了他革命生涯的第一站。1927年大革命失败后，邓小平随党中央机关来到这里，担任党中央秘书长，从事革命斗争。1949年，邓小平作为渡江战役总前委书记，率领千军万马，解放了这座城市。中华人民共和国成立后，作为党的第一代中央领导集体的重要成员和第二代中央领导集体的核心，邓小平曾多次视察上海，对上海的发展倾注了大量心血。从 1988 年开始，邓小平每年都到上海过春节。实际上，在邓小平心中，他对上海的发展又有了新的设计。

1990 年 1 月 20 日，邓小平离开北京前往上海。这是历史进入 20 世纪 90 年代后邓小平的第一次外出视察。

1 月 26 日，除夕之夜。邓小平与上海市的党政军负责同志欢聚一堂，共迎 20 世纪 90 年代的第一个新春佳节。

邓小平来到洋溢着新春气氛的会见厅，与当时的中共上海市委书记、市长朱镕基，市顾问委员会主任陈国栋等负责同志一一亲切握手，互致节日问候。朱镕基代表上海人民祝邓小平同志健康长寿。

邓小平高兴地说："我到上海来过春节，向你们拜年来了！并通过你们向上海人民拜年！"

1990 年春节，邓小平在上海

在一片欢笑和热烈的掌声中，邓小平和大家合影留念。

大年初一的上午，朱镕基、陈国栋等上海市委主要领导来到了邓小平下榻的宾馆，给邓小平拜年。

他们的谈话话题很快落到了上海的浦东开发建设上。

邓小平说，浦东开发晚了，但还来得及，上海市委、市政府应该赶快向中央报告。

作为一个统领全局的伟大的战略家，邓小平以其独特的视角看到了上海在对外开放方面拥有的优势：地理位置、交通条件、人才资源、自然资源以及历史沉淀下来的与国际交往的传统联系和经验等等。这些，都预示着上海有迅速发展的内在潜质，有重塑国际化、现代化国际大都市形象的先天条件。

邓小平看到的还有：长江流域地处全国中心腹地，东西横贯华东、华中、华南经济区，南北纵穿 10 多个省区，内结沿海与内地，南北与东西相互联系又相互开放的特征。

如果说长江是一条绵延千里、舒身待飞的巨龙，那么位于长江入海口的上海就是龙头。

邓小平看到的是一个将影响中国开放格局的宏观战略问题。在中国对外开放这块棋盘上，他将上海浦东的开放视为举足轻重的一枚棋子。

2 月 13 日晚，邓小平乘专列离开上海返回北京。在前往火车站途中同朱镕基谈话。在朱镕基谈到虽然有东欧事件冲击，但上海仍然稳定时，邓小平说："不要紧，我们天不怕、地不怕。要多做政治思想工作。"在谈到建议开发浦东时，邓小平说："你们搞晚了。但现在搞也快，上海条件比广东好，你们的起点可以高一点。从八十年代到九十年代，我就在鼓动改革开放这件事。胆子要大一点，怕什么。"在谈到浦东开发需要优惠政策时，邓小平说："我赞成，你们应当多向江泽民同志汇报。"

　　回到北京，邓小平心里仍想着浦东的开发。他对中央政治局的领导说："我已经退下来了，但还有一件事。我还要说一下，那就是上海的浦东开发，你们要多关心。"

　　2月17日上午，邓小平接见香港基本法起草委员会的全体委员。接见前，邓小平同江泽民、杨尚昆、李鹏谈浦东开发问题。邓小平拉住李鹏的手说："你是总理，浦东开发这件事，你要管。"

　　2月26日，上海市委、市政府向中央提出了《关于开发和开放浦东问题的请示》。上海市提出准备开发的浦东地区，指黄浦江以东、长江口西南、川杨河以北紧靠市区的一块三角地区。它东北濒长江，南临杭州湾，西靠黄浦江，面积约 350 平方公里，有良好的建港和水运条件。

　　3月3日，邓小平找江泽民、李鹏等几位中央负责同志谈话。他指出：现在特别要注意经济发展速度滑坡的问题，我担心滑坡。世界上一些国家发生问题，从根本上说，都是因为经济上不去，长期过紧日子。如果经济发展老是停留在低速度，生活水平就很难提高。人民现在为什么拥护我们？就是这十年有发展，发展很明显。假设我们有五年不发展，或者是低速度发展，这不只是经济问题，实际上是个政治问题。加强思想政治工作，讲艰苦奋斗，都很必要，但只靠这些也还是不够。最根本的因素，还是经济增长速度，而且要体现在人民的生活逐步地好起来。"要实现适当的发展速度，不能只在眼前的事务里面打圈子，要用宏观战略的眼光分析问题，拿出具体措施。机会要抓住，决策要及时，要研究一下哪些地方条件更好，可以更广大地开源。"说到这儿，邓小平亮出了底牌。他加重语气说："比如抓上海，就算一个大措施。上海是我们的王牌，把上海搞起来是一条捷径。"

　　邓小平这次谈话后不久，3月28日至4月8日，姚依林受党中央、国务院的委托，率领国务院特区办、国家计委、财政部、中国人民银行、经贸部、商业部、中国银行等单位和部门的负责人来到上海，对浦东开发问题进行专题研究和论证。在听取上海市关于浦东开发基本思路和总体规划的汇报后，他们又对浦东外高桥地区进行了实地考察。

与此同时，很多国内外专家也被请到上海，做浦东开发的可行性研究。

4月10日，中共中央召开政治局会议，一致通过了浦东开发开放的决策。

4月中旬，李鹏总理前往上海视察。4月18日，他在上海大众汽车有限公司成立5周年大会上宣布了中共中央、国务院关于开发开放上海浦东的重大决策：原则批准在浦东实行经济技术开发区和某些经济特区的政策，并将浦东作为今后10年中国开发开放的重点。中央的这一重大决策吹响了实施对外开放第二个战略步骤的号角。

6月2日，中共中央、国务院正式发出《关于开发和开放浦东问题的批复》，指出："开发和开放浦东，是进一步实行对外开放的重大部署；开发开放浦东，必将对上海和全国的政治稳定与经济发展产生极其重要的影响。"

9月，国务院批准建立上海浦东外高桥保税区。

浦东的开发正式启动了。上海开始进入一个新的发展阶段。

这年的年底，邓小平在同江泽民、杨尚昆、李鹏谈话时说："对一年半以来中央的工作，我满意。对这次统一思想，制定出新的五年计划和十年规划，我完全赞成。看来我们农业的潜力大得很，要一直抓下去。钢要有一亿到一亿二千万吨才够用，这是个发展战略问题。核电站我们还是要发展，油气田开发、铁路公路建设、自然环境保护等，都很重要。本世纪末实现翻两番，要稳扎稳打。"

谈到改革问题，邓小平指出：我们必须从理论上搞懂，资本主义与社会主义的区分不在于是计划还是市场这样的问题。社会主义也有市场经济，资本主义也有计划控制。不要以为搞点市场经济就是资本

主义道路，没有那么回事。计划和市场都得要。不搞市场，连世界上
的信息都不知道，是自甘落后。他又指出：不要怕冒一点风险。我们
已经形成了一种能力，承担风险的能力。为什么这次治理通货膨胀能
够见效这么快，而且市场没有受多大影响，货币也没有受多大影响？
原因就是有这十一二年改革开放的基础。改革开放越前进，承担和抵
抗风险的能力就越强。我们处理问题，要完全没有风险不可能，冒点
风险不怕。

邓小平强调：沿海如何帮助内地，这是一个大问题。可以由沿海
一个省包内地一个省或两个省，也不要一下子负担太重。开始时可以
做某些技术转让。共同致富，我们从改革一开始就讲，将来总有一天
要成为中心课题。社会主义不是少数人富起来、大多数人穷，不是那
个样子。社会主义最大的优越性就是共同富裕，这是体现社会主义本
质的一个东西。如果搞两极分化，情况就不同了，民族矛盾、区域间
矛盾、阶级矛盾都会发展，相应地中央和地方的矛盾也会发展，就可
能出乱子。

在谈到国内稳定时，邓小平说："我不止一次讲过，稳定压倒一
切，人民民主专政不能丢。你闹资产阶级自由化，用资产阶级人权、
民主那一套来搞动乱，我就坚决制止。"他指出，无产阶级作为一个
新兴阶级夺取政权，建立社会主义，本身的力量在一个相当长时期内
肯定弱于资本主义，不靠专政就抵制不住资本主义的进攻。坚持社会
主义就必须坚持无产阶级专政，我们叫人民民主专政。在四个坚持
中，坚持人民民主专政这一条不低于其他三条。

邓小平最后强调：中国问题的关键在于共产党要有一个好的政治
局，特别是好的政治局常委会。只要这个环节不发生问题，中国就稳
如泰山。国际上不可能小视我们，来中国投资的人会越来越多。要善
于把握时机来解决我们的发展问题。后年党代会要选一些年轻一点的
精力充沛的人进政治局，进常委会更好。这一年多的成绩不可低估，

第三章　原来制定的基本路线、方针、政策，"坚定不移地干下去"

国内外形势比我们预料的要好。最关紧要的是有一个团结的领导核心。这样保持 50 年，60 年，社会主义中国将是不可战胜的。

1991 年 1 月 28 日晚，邓小平又一次来到上海。

他在去住地的途中听取朱镕基汇报。在听到上一年上海各项经济指标完成得不错，但国有企业十分困难时，他说："这是全国性的问题。这个问题抓晚了。我说搞活国营大中型企业冒点风险也要干，就是说有点通货膨胀也要干，其实也不一定多发多少票子，现在积压产品占用流动资金太多了。"

谈到浦东开发问题，邓小平说，浦东开发至少晚了 5 年。浦东如果像深圳经济特区那样，早几年开发就好了。开发浦东，这个影响就大了，不只是浦东的问题，是关系上海发展的问题，是利用上海这个基地发展长江三角洲和长江流域的问题。

1 月 31 日上午 9 时 40 分，邓小平偕夫人卓琳和女儿邓楠、邓榕，在当时的中共上海市委书记、市长朱镕基等人的陪同下，驱车视察上海航空工业公司。

上海航空工业公司于 1985 年与美国麦克唐纳·道格拉斯飞机公司签署了《合作生产 MD - 82 型飞机和补偿贸易总协议》，主要内容包括双方合作生产 25 架 MD - 82 型飞机，于 1991 年前全部交付给中国的东方航空公司和北方航空公司。为了平衡中方的外汇支出，美方将为中方安排协议总成交额 50％的补偿贸易，其中航空产品和其他民用产品各占 50％。同时，双方共同进行新技术的合作开发研究。

上海航空工业公司的主要工作是利用麦道公司提供的零部件完成机身装配、机翼对接、飞机总装、试验、试飞和交付，并很快过渡到利用美方提供的原材料自制机头（后扩散给成都飞机公司）、水平安定面、起落架舱门、货舱门、服务门、襟翼滑轨支架等 11 个飞机部件。上述自制件除了满足 25 架飞机的装机需要，还作为航空产品的补偿贸易返销美国，与麦道公司生产的飞机配套。

061

1991年1月31日，邓小平视察上海航空工业公司

这项中美合作工程，是改革开放以后当时中美之间合作规模最大、金额最多、时间最长的重要工程，自始至终得到了中央和国务院的关心和支持。这次邓小平亲临视察，正逢工程即将圆满成功的关键时刻。

这天一大早，公司总经理景德元即赴西郊宾馆迎接邓小平一行。在前往厂区的50分钟里，景德元向邓小平汇报了公司概况、MD－82工程和干线飞机项目。邓小平听得十分认真和仔细，还问了不少问题。

在视察前，朱镕基也向邓小平汇报了干线飞机的情况。

朱镕基认为，经过论证，干线飞机所选机型很好，希望国家早点定下来。

邓小平说："今后干线飞机的生产，在上海可以和开发浦东结合起来。"

当车队抵达厂区后，邓小平健步下车，精神饱满，红光满面。在公司总经理景德元、公司党委书记陶人观、公司副总经理兼 5703 厂厂长吴作权、厂党委书记石志塘等主要领导陪同下，邓小平参观了 MD－82 型飞机的铆装和总装车间，受到工人们的热烈欢迎。

进入车间，邓小平看到已经造好的 MD－82 型飞机，十分高兴，他鼓励大家要有更高的目标，要造 300 架大飞机。

当见到车间里有那么多的青年工人时，邓小平高兴地说，我们就是要多培养年轻人，年轻人是我们的希望。

在视察过程中，邓小平一直很愉快。当景德元汇报到通过合作生产，已在上海建成了一个现代化的民用航空工业基地，取得了四个方面的成果时，邓小平说："这很好。"

当汇报到以后 10 架飞机中有 5 架 MD－82 型飞机返销美国时，邓小平问："这是不是第一次（返销）？"

当汇报到希望国家制定保护民族航空工业的政策时，邓小平点头表示"应该"。他又说，闭关自守不行。"文化大革命"时有个"风庆轮事件"，我跟"四人帮"吵过架，才 1 万吨的船，吹什么牛！1920 年我到法国去留学时，坐的就是 5 万吨的外国邮船。

邓小平接着说，现在我们开放了，10 万、20 万吨的船也可以造出来了。如果不是开放，我们生产汽车还会像过去一样用锤子敲敲打打，现在大不相同了，这是质的变化。质的变化反映在各个领域，不只是汽车这个行业。不坚决开放不行，开放不坚决不行，现在还有好多障碍阻挡着我们。

MD－82 这个合作项目在筹备时，邓小平也曾过问过。他说，飞机制造工业是国民经济的带头工业，是很有发展前途的。如果我们的飞机价格比美国的便宜 10％－20％，就可以出口。特别是向第三世界出口。

在厂里，邓小平每到一处参观，都受到工人们的热烈欢迎。他也不断地向工人群众挥手致意，向工人们问好。他说，现场的工人都很年轻，10 年后都是骨干，他们是跨世纪的。

在总装车间，邓小平接见了公司和厂、所的领导，和大家一一握手问好，并合影留念。

整个视察活动到 10 时 10 分顺利结束。

上海航空工业（集团）公司党委副书记魏积森后来回忆说："尽管邓小平当时已 86 岁高龄，但在听汇报和视察时还是精神抖擞，思维敏捷，并对专业性的问题表现了浓厚的兴趣。"

邓小平视察后不久，MD-82 合作工程即取得了成功。通过合作生产，公司在民用飞机的研制、生产和管理方面上了一个新的台阶，数千名干部、职工受到了严格的技术、管理培训，公司的实力大大增强，并取得了美国联邦航空管理局颁发的飞机总装和零部件制造 2 个生产许可证的延伸认可证书（这是美国建国以来向国外颁发的第一份整机总装许可证），具备了年产 12 架飞机的生产能力。

在上海期间，邓小平还视察了上海大众汽车有限公司。

2 月 6 日上午 9 时 30 分，邓小平在朱镕基的陪同下来到大众公司。

邓小平在大众公司汽车一厂总装车间门口下车后，与在门口迎接他的陆吉安、刘雅琴、方宏、王荣钧、尤逸尘一一握手，然后参观了总装配厂、发动机厂和国产化陈列室，详细询问了桑塔纳车的型号、性能、原材料是否国产化、出口的价格等。他一边参观一边兴致勃勃地与陪同的负责人交谈。他看着一辆辆桑塔纳从总装流水线上下来，高兴地说："还是改革开放，如果不开放，车身还得用手敲出来呢！"他赞扬车间里很干净，说："文明生产搞得很好。"同时又指出："你们的厂房利用率比丰田差远了，我到日本参观过汽车厂，他们的厂房里设备摆得很紧凑，按你们的面积，可以年产 100 万台。"当邓小平听说桑塔纳轿车的质量受到用户好评时说："上海与德国的合作是成功的，德国产品质量好，唐山地震时地下管道设施都坏了，德国造的却

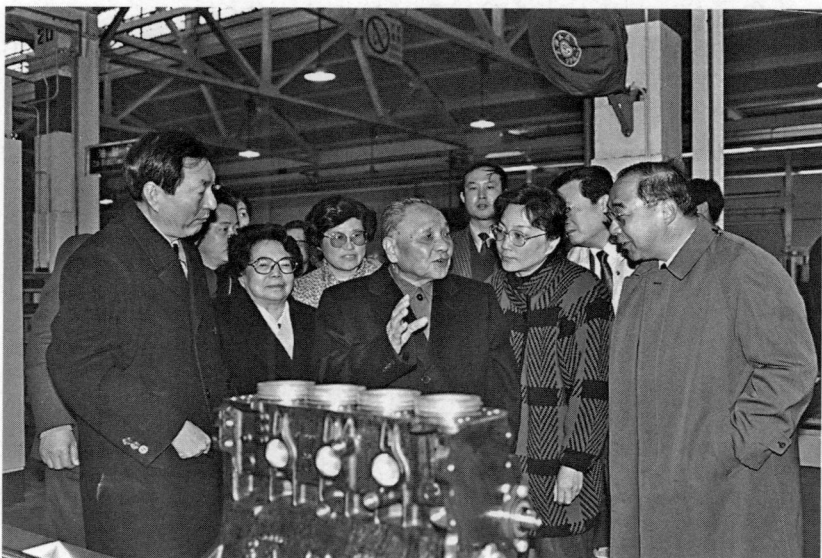

1991 年 2 月 6 日，邓小平视察上海大众汽车有限公司

是好的。"邓小平说，你们还要抓紧创新，搞新产品，变换车型，把车身变一变，像产品换个包装一样。

在发动机厂看到发动机缸体铸件毛坯时，邓小平说："中国的稀土（稀土元素）、中东的石油都是宝。钢铁里加稀土，好像饭菜里加味之素一样，钢铁的性能就更好了，你们用了稀土没有？"邓小平认为，我们还没有广泛研究，对这个宝怎样利用还重视不够。要研究利用稀土金属，要保护稀土资源。

最后，邓小平还参观了当时设立在发动机厂的桑塔纳国产化陈列室。

在视察途中，陪同的朱镕基谈到了外滩的一些大楼，中华人民共和国成立前是银行大楼，中华人民共和国成立后则是政府办公楼。他认为这些楼可以租赁给外资银行，但又有顾虑，邓小平则说："我赞成！你们试一试，什么事情总要有人试第一个，才能开拓新路。试第一个就要准备失败，失败也不要紧。"

在朱镕基说到还有不少人认为合资企业不是民族工业，害怕它的发展等问题时，邓小平指出：说"三资"企业不是民族经济，害怕它的发展，这不好嘛。发展经济，不开放是很难搞起来的。世界各国的经济发展都要搞开放，西方国家在资金和技术上就是互相融合、交流的。改革开放还要讲，我们的党还要讲几十年。会有不同意见，但那也是出于好意，一是不习惯，二是怕，怕出问题。光我一个人说话还不够，我们党要说话，要说几十年。当然，太着急也不行，要用事实来证明。当时提出农村实行家庭联产承包，有许多人不同意，家庭承包还算社会主义吗？嘴里不说，心里想不通，行动上就拖，有的顶了2年，我们等待。不要以为，一说计划经济就是社会主义，一说市场经济就是资本主义，不是那么回事，两者都是手段，市场也可以为社会主义服务。

10 时 23 分，邓小平一行离开上海大众公司。

2 月 13 日，春雨绵绵。邓小平在当时的国家主席杨尚昆和上海市委负责人朱镕基、黄菊、王力平等的陪同下，来到位于闵行的上海航天局运载火箭总装厂——上海新中华机器厂视察。

原上海航天局局长苏世堃回忆说："1991 年邓小平来我局视察时，我担任航天局局长。我记得当时在两个星期前市委办公厅主任王力平同志通知我局说有首长要来我局参观，要我们做好接待准备。首长到我局参观，实际上表明对整个上海航天事业的关心，也是对全国航天事业的关心。我们研究确定把参观地点选择在新中华机器厂。把我们航天局的军品运载火箭、防空导弹、卫星和民品等成果都集中到新华厂来展示。当时我们并不清楚是哪一位首长来，但从市里的要求来看，我们猜测可能是小平同志。因为当时在春节前，小平同志近几年都到上海来过春节。因此我们做了一些准备。为了让小平同志有一个全面概括的了解，我们准备了一个概括的全局的基本情况介绍，以及参观的一些内容，然后每一部分的介绍，我们分别让这一部分的负责人介绍。"

宽敞明亮的运载火箭总装厂房，摆放着"长征四号"运载火箭，航天人怀着激动和紧张的心情等候着这位备受爱戴的老人的到来。

上海航天事业的起步是从 20 世纪 60 年代末开始的。

1969 年 8 月 14 日，周恩来总理代表党中央、国务院下达了上海也要研制运载火箭的光荣任务。

经过几个春秋的努力，由上海航天人研制的"风暴一号"大型运载火箭，从 1975 年起，相继将 6 颗卫星送入轨道。1981 年 9 月，1 枚"风暴一号"运载火箭不负众望，成功地将 1 组 3 颗卫星送入不同轨道，创造了中国航天史上首次发射一箭多星的记录，使中国成为世界第四个能用一箭发射多颗卫星的国家。

1984 年，倾注着上海航天人满腔心血的"长征三号"运载火箭研制成功，同年 4 月，我国第一颗地球静止轨道试验通信卫星成功定点在太空。此后的几年，"长征三号"运载火箭独领风骚，先后 4 次成功地发射我国实用通信卫星。1990 年 4 月 7 日，用"长征三号"运载火箭发射的美国制造的"亚洲一号"通信卫星被成功地定点在 3.6 万公里高度的轨道上，为 30 多个国家和地区提供了先进的通信服务，标志着中国在通向国际商业发射市场的道路上迈出了成功的第一步，全球为之震撼！外电评价说，这次发射，不亚于 20 世纪 60 年代初中国第一颗原子弹爆炸成功。

1988 年 9 月，1 枚长达 40 余米，起飞推力 300 吨的"长征四号"运载火箭首飞成功，把我国第一颗太阳同步轨道气象卫星"风云一号"发射升空，这是以上海航天基地为主研制的大型运载火箭，标志着上海的航天科研水平已经进入一个新的阶段。1990 年，第二颗"风云一号"气象卫星又被送上太空。

上海航天基地自 20 世纪 70 年代初承担运载火箭研制任务，到 1991 年，已研制和参与研制了 4 种型号的运载火箭，先后参加了 14

次发射任务，将 18 颗不同用途的卫星送上太空，80 年代以来，取得了箭箭成功的优异成绩。

上午 9 时 35 分，一辆中型客车缓缓地停在刚刚撩开神秘面纱的运载火箭总装厂房门口。

邓小平健步走下车来，与早已等候在那里的上海航天局党政领导苏世堃、尹荣昌以及航天老专家们一一握手。

邓小平仔细听取了苏世堃的简短介绍。当介绍到厂房内陈列的"长征四号"运载火箭是合练弹时，邓小平询问道，合练弹做什么用？苏世堃回答说，合练弹是用于发射塔架对接协调和操作练习的。邓小平满意地点点头。

运载火箭部分是由上海航天局副总设计师李相荣负责介绍。

在稍事休息之后，邓小平走到横卧着的"长征四号"运载火箭合练弹前，与迎上前来的李相荣亲切握手。

邓小平问"长征四号"是什么时候开始研制的，是固体发动机还是液体发动机。李相荣说，作为运载，现在都用液体；作为战略导弹，现在都用固体。

当得知从 1978 年开始研制的采用液体发动机的"长征四号"运载火箭已经连续两次成功地发射气象卫星时，邓小平高兴地说："万无一失啊。"

陪同视察的杨尚昆问："你们已经连续几次成功？"

苏世堃说："'七五'期间我们参与了七次发射任务，都是箭箭成功。"

邓小平说："箭箭成功，办到了，了不起，世界上没有。"

当汇报到周恩来总理对航天工作提出的"严肃认真，周到细致，稳妥可靠，万无一失"的方针指示时，邓小平语重心长地说："你们还要继续坚持这个方针。"

当汇报到在老一辈革命家的关怀决策下，上海的航天人努力完成了各项任务时，邓小平说，"我参与了这些决策。我们的决策主要是政治上决策，具体的技术还要靠你们技术人员来实现。我们决策是务虚，实干还是靠你们，能否干好靠你们了"。

邓小平的话使在场的同志深感老一辈无产阶级革命家和中央领导同志的关怀和信任，深感肩负的历史使命之重大。

在新近研制的"风云一号"气象卫星模型前，副总设计师徐福祥向邓小平简短地介绍说："这颗由我国自行研制的卫星升空之后，不仅已经开始为国内气象、农业、渔业和海洋业服务，而且还向世界各国传递气象云图。"

邓小平饶有兴趣地接过徐福祥递过来的卫星云图，露出了欣慰的笑容。

杨尚昆说："气象卫星搞得不错，很有用处。"

在上海航天局研制的某型号战术武器面前，邓小平关切地询问："一年能生产多少？"

穆虹总工程师汇报说："我们的批量生产不够，投资不够，要保持航天发展势头，希望国家能加大投资。"

邓小平说："这个导弹很有用。防空是很重要的，我们是社会主义国家，我们有能力根据国家的需要，我们可以集中人力、物力办几件大事。我们现在主要是发展经济，只要我们经济上去了，我们将来什么都可以有，甚至还可以买。"

对于航天局的同志提出的资金短缺问题，邓小平笑着指身边的杨尚昆主席说："你们找他要去。"杨尚昆也笑着说："我的口袋里也是空的。"在场的人全都笑了。

邓小平一边走着，一边一字一顿地嘱托道："你们还要搞新的发明，搞新的型号，增强新的能力，你们会办得好的。"

穆虹表示，一定按照小平同志的要求搞好研制工作。

在介绍到另一种型号的导弹时，邓小平对这种型号的总设计师梁晋才说："这种导弹我知道。"

当邓小平得知还有一种型号的战术导弹已经批量生产时，便关切地询问："装备什么部队，装备到哪一级，需要的量有多大？"在得到答复后，邓小平连声说："好，好。"

邓小平和杨尚昆等领导同志在参观中始终表现出浓厚的兴趣，他们仔细地看着，不时地问着，为中国的国防现代化有如此精良的产品而欣慰。

参观完军工产品之后，邓小平、杨尚昆等来到航天局研制的部分民用产品面前。航天牌电冰箱、上海牌电视机、为桑塔纳轿车国产化配套开发的车用空调、上海牌洗衣机和其他民用产品，整齐地排列在那里。

邓小平还询问了电冰箱和电视机的价格。他建议航天民品的造型能否再漂亮一点，标志是否再明显一点，这样就更便于推销，打开市场。

多么殷切的谆谆教导！

当邓小平得知上海航天基地已开发了 100 多种民用产品，民用产品产值已占总产值的 90％时，高兴地说："没有改革开放，就没有这些。我们抓国防工业的军民结合，这一条抓对了。有的国家就不行，所以搞得很困难。"

短短 55 分钟过去了，邓小平一行即将离开新中华机器厂。

在签名册上，邓小平郑重地写上了自己的名字，为上海航天人留下了珍贵的纪念。

在与上海航天局党政领导和航天专家们合影之后，邓小平握着国家级有突出贡献专家孙敬良总设计师的手说："感谢你们的工作。"

临走时，航天局的同志送给邓小平一个"长征四号"的模型。邓小平笑着说："我家里有许多这样的模型。"

邓小平的女儿说："咱们家没有这个模型。"

1991 年 2 月，邓小平视察上海新中华机器厂，该厂送给他一个导弹模型

邓小平笑了。

这个模型后来一直放在邓小平办公室的书柜里。

在返回住地的途中，邓小平说："我们抓国防工业的军民结合，抓得比较早，这一条抓对了。有的国家就不行，所以搞得很困难。"

在谈到浦东开发问题时邓小平指出：那一年确定 4 个经济特区，主要是从地理条件考虑的。深圳毗邻香港，珠海靠近澳门，汕头是因为在东南亚国家的潮州人多，厦门是因为闽南人在外国经商的很多，但是没有考虑到上海在人才方面的优势。如果当时就确定在上海也设经济特区，现在就不是这个样子。14 个沿海开放城市有上海，但那是一般化的。

邓小平视察新中华机器厂的第二天，正是中国一年一度的传统佳节春节。邓小平和杨尚昆、李先念、上海市党政军负责人、部分老同志以及各界人士欢聚一堂，共迎春节，互致新春问候和良好祝愿。

邓小平和杨尚昆、李先念由当时的中共上海市委书记、市长朱镕基等陪同，与上海各界人士见面。他满面笑容地与大家亲切握手交谈，气氛热烈。

邓小平高兴地说："同志们新春好！借此机会向英雄的上海人民表示热烈的问候和节日的祝贺。"

朱镕基说："上海人民祝小平同志健康长寿。你们在上海过春节，是对上海人民的鼓舞，我们上海人民非常高兴。"

杨尚昆说："我向上海的同志拜年。同时，我受江泽民总书记委托，代表他向上海人民拜年！"

李先念也高兴地说："谢谢各位来看望我们。应该是我们向你们拜年哟！在以江泽民同志为核心的党中央领导下，我们国家总的形势很好，无论是内政，还是外交。我送你们上海四句话：开发浦东，振兴浦西，实事求是，稳步前进。实事求是总是不错的。不能光稳步，还要前进。稳得多了，不动也不行。"

杨尚昆接着说："去年全国形势确实非常好，当然还有困难，但比前年要好得多。"

欢聚结束时，邓小平、杨尚昆、李先念与大家合影留念。

中央电视台《新闻联播》和《人民日报》报道了邓小平等人在上海过春节的消息。但新闻稿中并没有提到邓小平关于加快上海发展的重要意见。

2月18日上午，邓小平在朱镕基等人的陪同下又来到南浦大桥浦西段的建设工地。朱镕基把上海黄浦江大桥工程建设指挥部总指挥朱志豪介绍给邓小平。当邓小平听说这是第一次在黄浦江上造桥时，特别高兴。

朱志豪向邓小平汇报了工程造价、施工周期、工程质量等情况，邓小平听后很满意，说上海这么大，总是要造好几座桥。

邓小平问朱志豪："这座大桥是不是世界上最大的？"

"这座大桥是当今世界斜拉桥第三，第一是加拿大的阿拉西斯桥，主桥跨度465米，第二是准备造的印度加尔各答胡格里桥，主桥跨度457米，南浦大桥主桥跨度423米，位居第三。"朱志豪回答。

邓小平听了之后满意地笑着。

朱志豪汇报说，在建大桥时，给老百姓带来很多困难，但大家都没有怨言，所以工作开展得很顺利。

邓小平点点头。

朱志豪接着说，工人们在工作中不计报酬，白天黑夜都在干。建好后，只要7分钟浦东就到浦西了。

听完介绍，邓小平又健步来到南浦大桥工地，亲切看望坚持春节加班的建设者，并兴致勃勃地在大桥上合影留念。

随后，邓小平来到新锦江大酒店顶层的旋转餐厅。

旋转餐厅里挂着两张大幅地图，一张是上海地图，另一张是浦东新区地图，地图旁摆着浦东开发的模型。

邓小平看着眼前的地图和模型，缓缓地说：抓紧浦东开发，不要动摇，一直到建成。只要守信用，按照国际惯例办事，人家首先会把资金投到上海，竞争就要靠这个竞争。

邓小平一边透过宽敞明亮的玻璃眺望上海中心城区的面貌，一边嘱托身旁的朱镕基："我们说上海开发晚了，要努力干啊！"

接着，邓小平又满怀信心地说："这是件坏事，但也是好事，你们可以借鉴广东的经验，可以搞得好一点，搞得现代化一点，起点可以高一点。后来居上，我相信这一点。"

他俯瞰着上海的全貌，远望着浦东说："（浦东）自由机动，余地大，就像画图画，怎么画都可以。全靠新的，比旧的改造容易，而主要的是好得多。"

这就是老人对浦东寄予的希望！

1991 年，邓小平在上海听取浦东开发情况的介绍

随后，邓小平驱车前往浦东视察。

朱镕基向邓小平汇报了浦东开发开放中"金融先行"的一些打算和做法。

邓小平听后，精辟地说："金融很重要，是现代经济的核心。金融搞好了，一着棋活，全盘皆活。上海过去是金融中心，是货币自由兑换的地方，今后也要这样搞。中国在金融方面取得国际地位，首先要靠上海。那要好多年以后，但现在就要做起。""要克服一个怕字，要有勇气。""什么事情总要有人试第一个，才能开拓新路。试第一个就要准备失败，失败也不要紧。希望上海人民思想更解放一点，胆子更大一点，步子更快一点。"

朱镕基说："我们不怕了，我们相信上海人民有力量，憋了几十年了。"

邓小平这次视察上海有关市场经济的谈话，当时没有公开发表，而是由上海《文汇报》根据他的谈话精神以讨论的形式发表文章，阐述了"市场也可以为社会主义服务"这一重要观点。

《解放日报》以"皇甫平"的署名，先后发表了《做改革开放的"带头羊"》（1991 年 2 月 15 日）、《改革开放要有新思路》（1991 年 3 月 2 日）、《扩大开放的意识要更强些》（1991 年 3 月 22 日）、《改革开放需要大批德才兼备的干部》（1991 年 4 月 22 日）系列文章。其中《改革开放要有新思路》这篇文章指出："有些同志总是习惯于把计划经济等同于社会主义经济，把市场经济等同于资本主义，认为在市场调节背后必然隐藏着资本主义的幽灵。随着改革的进一步深化，越来越多的同志开始懂得：计划和市场只是资源配置的两种手段和形式，而不是划分社会主义与资本主义的标志。""资本主义有计划，社会主义有市场。这种科学认识的获得，正是我们在社会主义商品经济问题上又一次重大的思想解放。""在改革深化、开放扩大的新形势下，我们要防止陷入某种'新的思想僵滞'。"

《文汇报》《解放日报》的文章在思想理论界和社会各界引起了强烈反响，许多读者表示赞同，但反对者也不乏其人。

皇甫平的这篇文章触到了某些市场经济批判者的痛处，连同另外 3 篇评论文章，都成为"口诛笔伐"的目标，"几乎遭到所有主流媒体的围剿"。一些中央和地方的报刊公开发表文章，对"皇甫平"展开了批判，重谈姓"社"姓"资"老调。甚至有人认为，中国已经出现了一个新的资产阶级，当前社会的主要矛盾仍是工人阶级和资产阶级的矛盾，走社会主义道路和走资本主义道路的矛盾，等等。

这就是全国轰动一时的"皇甫平"事件。

1991 年 8 月 20 日，邓小平同几位中央负责同志谈话，邓小平指出：现在中国局势稳定，一个是由于处理 1989 年那场动乱时坚持社会主义，一点也不动摇；再一个是由于坚持改革开放。如果不坚持改革开放，不拿实际行动证明这一点，也是不行的。坚持改革开放是决定中国命运的一招。这方面道理也要讲够。

　　邓小平指出：这一段总结经济工作的经验，重点放在哪里？我看还是放在坚持改革开放上。没有改革开放 10 年经济发展的那个飞跃，取得顺利调整是不可能的。强调稳是对的，但强调得过分就可能丧失时机。现在工业发展还是两位数嘛，农业情况也不坏嘛。可能我们经济发展规律还是波浪式前进。过几年有一个飞跃，跳一个台阶，跳了以后，发现问题及时调整一下，再前进。总结经验，稳这个字是需要的，但并不能解决一切问题。以后还用不用这个字？还得用。什么时候用，如何用，这要具体分析。但不能只是一个稳字。特别要注意，根本的一条是改革开放不能丢，坚持改革开放才能抓住时机上台阶。

　　这方面也有国际经验嘛。好多国家都是这个样子，10 年就跳出来了。现在世界发生大转折，就是个机遇。人们都在说"亚洲太平洋世纪"，我们站的是什么位置？过去我们比上不足、比下有余，现在比下也有问题了。东南亚一些国家兴致很高，有可能走到我们前面。我们也在发展，但与他们比较起来，我们人口多，世界市场被别的国家占去了，我们面临着这么一个压力，算作友好的压力吧。我们不抓住机会使经济上一个台阶，别人会跳得比我们快得多，我们就落在后面了。要研究一下，我总觉得有这么一个问题。机会难得呀！

　　反对资产阶级自由化还是要讲。我们搞改革开放，把工作重心放在经济建设上，没有丢马克思，没有丢列宁，也没有丢毛泽东。老祖宗不能丢啊！问题是要把什么叫社会主义搞清楚，把怎么样建设和发展社会主义搞清楚。

　　还有一个问题，发现和使用人才的问题。的确是人才难得啊。你们从下面上来，左邻右舍，上上下下，接触广泛，了解的人多。你们觉得是人才的，即使有某些弱点缺点，也要放手用。一个人才可以顶很大的事，没有人才什么事情也搞不好。1975 年我抓整顿，用了几个人才，就把几个方面的工作整顿得很有成效，局面就大不一样。我们现在不是人才多了，而是真正的人才没有很好地发现，发现了没有果断地起用。对每个人都会有不同的意见，不会完全一致。有缺点可以跟他谈清楚，要放手地用人。总的看，我们对使用人才的问题重视不够。我建议中央总结一下用人的问题，尊重人才，广开进贤之路。

10月上旬，当时的朝鲜劳动党中央委员会总书记、国家主席金日成来访。邓小平在会见这位老朋友时谈到国内问题，他说：今年中国遇到的水灾是很大的水灾，救灾这件事教育了人民，还是社会主义好，还是共产党的领导好。真正要出问题，是我们内部出问题，别人拿我们没办法，美国也没办法。因此我们扎扎实实地做好工作，包括自我教育，党员干部的模范作用，不搞特殊化，这是过硬的东西。中国是大国，也可以说中国的社会主义事业不垮，世界的社会主义事业就垮不了。东欧、苏联的事件从反面教育了我们，坏事变成了好事。问题是我们要善于把坏事变成好事，再把这样的好事变成传统，永远丢不得祖宗，这个祖宗就是马克思主义。

到1991年年底，我们党面临的国际国内形势依然是复杂的。随着东欧国家的剧变和苏联的解体，社会主义在世界范围内的实践陷入低潮。冷战结束，世界开始走向多极化。世界的这种大变动、大改组，对我国的改革开放既是重大机遇，又是严峻挑战。一方面，在多极化进程中，我国打破西方国家的"制裁"后，回旋余地增大。经济全球化进程加快，经济结构调整继续在世界范围内进行，高新技术产业迅猛发展，为我国加入全球性竞争与合作格局提供了机遇。另一方面，我国经济运行中存在的深层次问题尚未得到根本解决，在治理整顿期间，经济发展速度有所放缓。同时，世界社会主义发生的曲折对我国也产生一定的负面影响，有人对社会主义的前途缺乏信心，也有人对改革开放产生怀疑，提出姓"社"还是姓"资"的疑问。还有人提出要防止"和平演变"的危险。这样，能否坚持党的基本路线不动摇，抓住机遇、加快发展，把改革开放和现代化建设继续向前推进，成为影响20世纪90年代中国发展进步的重大问题。

中国能不能在这样一个重要的历史关头抓住机遇、迎接挑战，排除来自国外的压力和来自国内"左"的和右的干扰，在改革开放中加快发展，以社会主义现代化建设的事实来宣告国内外那些"预言家"们的破产？

著名经济学家、当时担任国务院发展研究中心主任的孙尚清对当时中国面临的形势阐述了自己的认识：

"我们中国的改革开放进入八十年代末九十年代初的时候，经济的发展中遇到了一些新问题，主要是经济结构不合理，还有一个就是当时的物价上涨的幅度过高，物价上涨幅度过高对改革开放和人民生活还有经济增长都是不利的，所以中央及时提出要进行治理整顿，目的是为了更好地深化改革和扩大开放，使我们的国民经济能进入一种良性发展循环，走上持续的快速的健康发展的道路。

"在国际方面来看呢，那个时候，就是八十年代末九十年代初国际经济发展的重心明显地向亚太地区转移，特别是向东南亚地区转移，而我们中国呢，是东南亚地区经济快速增长和西方那种衰退成为鲜明对比的这种形势的一个重要的组成部分。从当时的国际经济和国内治理整顿以后的经济态势来看，我们是进入了一个千载难逢的历史性的发展机遇。"

正是在这样的背景下，邓小平开始了他的南方之行。

第四章　南方谈话

1992 年的元旦，当时担任广东省委书记的谢非给正在县里调研的省委副秘书长陈开枝打电话说："中央发来了一份绝密电报，我们盼望已久的老人家要来了，请你赶快回来研究一下总体接待和安全警卫工作。"

1 月 17 日，一列火车在深夜从北京开出，向着南方奔驰而去。

这是一趟没有编排车次的专列。乘坐这趟专列的是中华人民共和国的一位普通公民，邓小平。恐怕谁也不会料到，这趟专列的南方之行将会载入史册，并带动新一轮中国改革开放和经济建设的加速发展。

第一站是武昌。

车轮滚滚。专列穿过华北平原，越过中原大地，过黄河，跨长江，于 18 日上午 10 点 31 分到达武昌，稳稳地停在 1 号站台上。

车门打开，一位老人走下车来，准备在站台上散散步。而此时，时任中共湖北省委书记关广富、湖北省省长郭树言、湖北省委副书记兼武汉市委书记钱运录等几位领导人正等在车站的贵宾室里。由于事先没有得到可以见面的通知，他们只好将自己想见见邓小平的意思通过邓小平身边的时任中央警卫局副局长的孙勇做个转达。孙勇告诉邓小平，湖北省委的领导已经来了，想见见面。邓小平爽快地说："好，那就见见吧。"

1992 年 1 月 18 日，邓小平在南下的列车上

邓小平头戴铝灰色鸭舌帽，身穿深灰色呢大衣，围着一条白色围巾，精神矍铄。

关广富、郭树言、钱运录快步走上前去，代表湖北省和武汉市人民向邓小平问好。邓小平把手向前轻轻一挥，说："我们边散步边谈吧。"

邓小平这次南行，出发前没有向沿途各省打招呼，也不想惊动地方负责人出来迎送。

武昌火车站的站台只有短短 500 米。他们走走停停，边走边谈，这是一次信息高度浓缩的谈话。邓小平一边走一边听着关广富的汇报，时而插上几句话，时而停下脚步。

关广富后来回忆说，我们就这样来回走了 4 趟，一共停下来 6 次。

邓小平第一句话就问："你们生产搞得怎么样？以经济建设为中心你们抓得怎么样？"

关广富、郭树言简要地汇报了湖北的情况后，老人家一字一顿地说:"就是要抓住以经济建设为中心嘛!"接着，邓小平又说:"现在有一个问题，就是形式主义多。电视一打开，尽是会议。会议多，文章太长，讲话也太长，而且内容重复，新的语言并不很多。重复的话要讲，但要精简。形式主义也是官僚主义。要腾出时间来多办实事，多做少说。毛主席不开长会，文章短而精，讲话也很精练。周总理四届人大的报告，毛主席指定我负责起草，要求不得超过五千字，我完成了任务。五千字，不是也很管用吗? 我建议抓一下这个问题。"

邓小平还一针见血地批评了一些"左"的言论和表现，他指出:右可以葬送社会主义，"左"也可以葬送社会主义。中国要警惕右，但主要是防止"左"。邓小平谆谆告诫省委、省政府负责人关广富、郭树言、钱运录等:"发展才是硬道理"，"能快就不要慢"，"不坚持社会主义，不改革开放，不发展经济，不改善人民生活，只能是死路一条"，办事情正确与否"主要看是否有利于发展社会主义社会的生产力，是否有利于增强社会主义国家的综合国力，是否有利于提高人民的生活水平"，"低速度就等于停步，甚至等于后退"。同时，他也继续强调必须坚持四项基本原则，反对资产阶级自由化。要坚持两手抓，两手都要硬。他强调，中国的事情关键在人，关键在党。他还对培养年轻干部提出了要求。他说:"我们这些老人关键是要不管事，让新上来的人放手干。"

邓小平语重心长地对湖北的负责人说，一些国家出现严重曲折，社会主义好像被削弱了，但人民经受了锻炼，从中吸取了教训。因此，不要惊慌失措，不要认为马克思主义就消失了。"我坚信，世界上赞成马克思主义的人会多起来的，因为马克思主义是科学。""学马列要精，要管用的……我的入门老师是《共产党宣言》和《共产主义ABC》。""我读的书并不多，就是一条，相信毛主席讲的实事求是。过去我们打仗靠这个，现在搞建设、搞改革也靠这个。"

邓小平的这番话，是有所指的。当时，我国的改革开放和社会主义现代化建设事业正处于重要的历史时刻。在国际政治风云急剧变化，国内也发生了一场严重政治风波之后，党内外有些人对坚持党的"一个中心、两个基本点"的基本路线发生动摇，有些人把改革开放说成是引进和发展资本主义，认为和平演变的主要危险来自经济领域。同时，怀疑和否定四项基本原则的思潮仍然存在。

时间过得真快。29 分钟过去了。邓小平与湖北省的负责人握手告别，走上专列。火车开动，向南方驶去……

关广富、郭树言、钱运录走进武昌火车站贵宾厅，凭着记忆，将邓小平同志 29 分钟的谈话记录下来，由钱运录作笔录。当夜，湖北省委将这份邓小平同志的谈话记录传至中共中央办公厅。

第二站，长沙。

18 日下午 4 时，邓小平专列徐徐驶进了长沙火车站，按计划，专列要在这里停留 10 分钟。当时的湖南省委书记熊清泉和湖南省的负责人一同上车迎接和问候邓小平同志。邓小平与熊清泉等人一一握手。

熊清泉请邓小平下车散步，看看长沙火车站。邓小平高兴地应允，随即健步下车。

长沙火车站始建于 1911 年，到 70 年代已经陈旧不堪了。1975 年 7 月开工兴建新火车站，1977 年 6 月 30 日正式投入使用。这个京广线上的一等客运站，就是 1975 年全面整顿期间搞起来的。熊清泉介绍后，邓小平说："这事，我知道。那年，万里当铁道部部长。"说完，又举目望了望站台、轨道，神态是那样怡然。

熊清泉陪邓小平在站台上漫步，同时简要地汇报了湖南的工作。他说，1991 年，湖南的气候反常，多灾并发，损失相当大。在党中央和国务院的领导下，全省党政军民千万余人参加抢险救灾，危急关头都有共产党员站在前头，因而在大灾之年夺取了大丰收，粮棉油产值创中华人民共和国成立以来湖南最高纪录，农业产值首次突破 200 亿元。

邓小平听后满意地说："不错嘛！这样的灾害，不说第三世界国家受不了，就是发达国家也受不了。只有我们中国，依靠共产党的坚强领导，依靠社会主义的优越性，才能战胜这么大的灾害。"

接着，熊清泉又就湖南改革开放的战略、思路、目标等作了简要汇报。

邓小平听了高兴地说："构想很好。实事求是，从湖南的实际出发，就好嘛！"他还特别强调："要抓住机遇，现在就是好机遇。改革开放的胆子要大一点，经济发展要快一些，总要力争几年上一个台阶。"

开车的时间快到了，熊清泉依依不舍地恳请邓小平返回时能在长沙住些日子，邓小平微笑着说："不麻烦了。"站台上欢送的人们都祝愿他健康长寿。邓小平高兴地说："大家都长寿。"接着又高兴地向大家一边招手一边说："来，一起照个相。"摄影师举起照相机，留下了珍贵的纪念。

1 月 19 日，上午 8 时许，在深圳火车站月台上，广东和深圳的几位省、市负责人和其他迎候的人们，在来回踱步，互相交谈，他们正以兴奋而激动的心情等待着。

9 时，专列抵达深圳火车站。车停稳后，身穿深灰色夹克、黑色西裤的邓小平健步走出车门，在车站静候多时的当时的广东省委书记谢非、深圳市委书记李灏、深圳市市长郑良玉等立即迎上前去。邓小平亲切地和大家一一握手。

谢非握着邓小平的手说："广东人民想念您！盼望您的到来！"

李灏代表深圳人民说："我们全市人民欢迎您的光临。"

郑良玉也补充说："深圳人民盼望您来，已经盼了 8 年了！"

邓小平的小女儿邓榕生怕邓小平听不清楚，马上附在邓小平的耳边上说:"广东人民欢迎你! 深圳人民欢迎你!"邓小平听后微微点头。

是的,1979 年 4 月,在中央工作会议期间,邓小平在听取了当时的广东省委第一书记习仲勋关于在邻近香港、澳门的深圳、珠海以及汕头兴办出口加工区的汇报后说:"还是叫特区好,陕甘宁开始就叫特区嘛!中央没有钱,可以给些政策,你们自己去搞,杀出一条血路来。"根据邓小平的提议,中央工作会议正式讨论了广东省的提议。7 月 15 日,中共中央、国务院批转中共广东省委、福建省委关于对外经济活动实行特殊政策和灵活措施的报告,决定在深圳、珠海、汕头、厦门试办特区。1980 年 5 月,中共中央、国务院批转《广东、福建两省会议纪要》,正式将"特区"定名为"经济特区"。同年 8 月,全国人大常委会正式通过并颁布《广东省经济特区条例》,中国深圳、珠海、汕头经济特区就这样诞生了。

8 年前,也就是 1984 年 1 月,在经济特区遭到种种非议时,是邓小平亲自视察经济特区。当时邓小平一到广东,就说:"办经济特区是我倡议的,中央定的,是不是能够成功,我要来看一看。"视察后,邓小平为深圳、珠海经济特区题词,充分肯定了经济特区的发展:"深圳的发展和经验证明,我们建立经济特区的政策是正确的。""珠海经济特区好。"邓小平给特区人吃了一颗"定心丸",经济特区开始进入新的发展的快车道。

出站后,邓小平同省市负责人一起登上一辆中巴车,即 1 号车,前往深圳迎宾馆,准备住进他 8 年前住过的深圳迎宾馆桂园。9 时 30 分,车队进入桂园,列队欢迎的员工们见到了邓小平,热烈地鼓起掌来。邓小平微笑着向大家招手致意。时任市委接待处处长的姚欣耀对邓小平说:"首长,这是你 1984 年来时住过的地方。"邓小平说:"噢,我忘记了。"姚欣耀又对邓小平说:"这房子重新装修后有点小,天顶比原来矮了些。"邓小平说:"房子还是小点的好。"一句话消除了大家的担忧。

当时的市委副书记厉有为、市委常委李海东走上前同邓小平握手寒暄。

考虑到邓小平长时间乘火车比较劳累，需要先休息，上午没有安排活动。大家都劝邓小平好好休息，同邓小平道别后就走了。

市委书记李灏来到邓小平的秘书王瑞林的房间，与他商量小平同志下午的行程。时间不长，卓琳过来了。省委书记谢非想会不会还有什么事，就留在门口没有走。刚过一会，邓小平身边的工作人员孙勇走出来对接待处处长姚欣耀说："快去备车，小平同志要出去看看。"姚欣耀没有任何思想准备，赶紧出去组织车辆。没等车到，邓小平就已换了一件衣服走了出来，一见到负责接待的陈开枝就说："你快点叫车，让我出去看看。"谢非考虑到邓小平毕竟是 88 岁高龄了，旅途又这么劳累，就劝他说："您还是先休息一下吧。"

邓小平却毫无倦意，兴奋地说："到了深圳，我坐不住啊！"

听了这句话，谢非顿时心头一热。这位中国改革开放和现代化建设的总设计师，创办经济特区的倡导者和决策者，对特区的探索实践，对广东的建设发展，心里是多么惦念啊！于是，他只好一边叫工作人员快点准备车辆，一边陪着邓小平在院子里散步。

散步时，邓小平的二女儿邓楠提起 1984 年邓小平为深圳特区题词的事，邓小平一字不漏、一字不错地将 8 年前的题词念了出来："深圳的发展和经验证明，我们建立经济特区的政策是正确的。"在场的人无不为他那惊人的记忆力所折服。

1984 年特区建设遇到了不少困难和阻力，有些人对办特区持怀疑观望态度，也有不少人持否定态度，上上下下都出现了不少杂音。是年 1 月 24 日，邓小平同王震、杨尚昆在中顾委委员刘田夫和广东省省长梁灵光的陪同下，到深圳、珠海视察。离开深圳、珠海回到广州后，邓小平给深圳经济特区题词，肯定了办特区的方针是正确的，给特区建设以决定性的支持，坚定了办经济特区的决心和信心，使特区的建设事业继续前进。

接着，谢非向邓小平介绍了深圳和珠海在城市建设中不同的地方，邓小平称赞说："好嘛，各有特色。"

车准备好了，谢非等人陪同邓小平乘车游览。

一上车，邓小平就说："坐车出去走，不会招摇过市吧。"

陪同的人们说："不会，不会，你放心。"

车子缓缓地在市区穿行。车窗外，景色一一掠过，街宽路阔，高楼耸入云端，到处充满了现代化的气息。而八年前，这里有些地方还是水田、鱼塘、羊肠小路和低矮的房舍，对此，邓小平记忆犹新。目睹繁荣兴旺、生机勃勃的景象，邓小平十分高兴，他一边参观市容，一边同省市负责人亲切交谈。正如他后来说的："八年过去了，这次来看，深圳、珠海特区和其他一些地方，发展得这么快，我没有想到。看了以后，信心增加了。"

李灏汇报说，这些年来，除个别年份外，深圳的发展速度都很快，平均增长超过 20%。利用外资情况也比较好，国有经济和其他经济成分的增长也很快。邓小平问外资在经济总量中占多大比重，李灏回答说，约占 25%，在总量中不到 1/4。邓小平听后频频点头。

在谈到办经济特区时，邓小平说："对办特区，从一开始就有不同意见，担心是不是搞资本主义。深圳的建设成就，明确回答了那些有这样那样担心的人。特区姓'社'不姓'资'。从深圳的情况看，公有制是主体，外商投资只占四分之一，就是外资部分，我们还可以从税收、劳务等方面得到益处嘛！多搞点'三资'企业，不要怕。只要我们头脑清醒，就不怕。我们有优势，有国营大中型企业，有乡镇企业，更重要的是政权在我们手里。有的人认为，多一分外资，就多一分资本主义，'三资'企业多了，就是资本主义的东西多了，就是发展了资本主义。这些人连基本常识都没有。"

这时，车子行至火车站前。这个火车站规模宏大，现代化水平很高,是深圳市的标志性建筑。大女儿邓林指着火车站大楼上那苍劲有力的"深圳"两个大字对父亲说:"您看,这是您的题字。人们都说写得好。"邓小平抬头看了看。"深圳"这两个字是 1991 年夏天,邓小平应深圳市领导的请求,特地为新建的深圳火车站题写的。

邓楠在一旁打趣说:"这是您的专利,也属知识产权问题。"说得邓小平开心地笑了起来。

接着,邓小平问谢非,广东省多少人口,谢非回答说,有 6 300 万人,面积 17.8 万平方公里。邓小平说:"亚洲'四小龙'发展很快,你们发展也很快。广东要力争用 20 年的时间赶上亚洲'四小龙'。"

邓小平认为,在市场经济方面,香港、新加坡做得好,我们要学习。他说,社会主义要赢得与资本主义相比较的优势,就必须大胆吸收和借鉴人类社会创造的一切文明成果。吸收和借鉴当今世界各国,包括资本主义发达国家的一切反映现代社会化生产规律的先进经营方式和管理方法。

在参观市容的途中,李灏在汇报深圳市经济发展的情况时说,深圳这几年之所以发展得很快,主要得益于对外开放。我们不仅从国外引进资金、技术和管理经验,我们进行的土地有偿使用、发展股份制、建立证券市场,以及公务员制度和廉政建设等许多改革措施和做法,也是借鉴了中国香港和国外的经验。

当谈到股票市场时,邓小平说,也有不少人担心股票市场是资本主义,所以让你们深圳和上海先搞试验。看来,你们的试验说明社会主义是可以搞股票市场的,证明资本主义能用的东西,也可以为社会主义所用。证券、股市,这些东西究竟好不好,有没有危险,是不是资本主义独有的东西,社会主义能不能用? 允许看,但要坚决地试。看对了,搞一两年。对了,开放;错了,纠正,关了就是了。关,也可以快关,也可以慢关,也可以留一点尾巴。怕什么? 坚持这种态度就不要紧，就不会犯大错误。

不知不觉中，车子到了皇岗口岸。皇岗边防检查站、海关、动植物检疫所的负责同志热情地欢迎邓小平的到来。

邓小平站在深圳河大桥的桥头，深情地眺望对岸的香港，然后察看皇岗口岸的情况。

皇岗边检站站长熊长根向邓小平介绍说，皇岗口岸是 1987 年初筹建，1989 年 12 月 29 日开通的。占地 1 平方公里，有 180 条通道，最高流量可达 5 万人次，是亚洲最大的陆路口岸。最近每天约通过 7 000 辆车次和 2 000 人次。邓小平听了很高兴，不断点头，露出满意的笑容。

邓小平指着深圳河问道："这是不是深圳河？"熊长根说："是的。"邓小平又指着桥下的一片新楼问道："这是什么地方？"熊长根回答说："是渔农村。"邓小平说："渔民村我去过。"这时站在邓小平身边的邓榕附在父亲耳边更正道："是渔农村，不是渔民村。"邓小平点点头微笑着。

在皇岗口岸，邓小平久久凝视着对岸。

他提出的"一国两制"的伟大构想，使中英两国成功地解决了香港这一历史遗留问题。1979 年 3 月，香港总督麦理浩访华。邓小平会见麦理浩，代表中国政府明确提出：我们历来认为，香港主权属于中华人民共和国，但香港又有它的特殊地位。邓小平第一次提出：就是在本世纪和下世纪初相当长的时期内，香港还可以搞它的资本主义，我们搞我们的社会主义。1982 年 1 月 11 日，邓小平会见美国华人协会主席李耀滋时，明确提出了统一祖国的"一个国家，两种制度"的构想。1982 年 9 月 24 日，邓小平会见来访的英国首相撒切尔夫人，明确地提出了中国对香港问题的基本立场，他提出，主权问题不是一个可以讨论的问题。现在时机已经成熟了，应该明确肯定：1997 年中国将收回香港。就是说，中国要收回的不仅是新界，而且包括香港

邓小平视察深圳皇岗口岸，深情地眺望着对岸的香港

岛、九龙。邓小平说，中国在这个问题上没有回旋的余地。他坚决地表示，如果中华人民共和国成立 48 年后还不把香港收回，任何一个中国领导人和政府都不能向中国人民交代，甚至也不能向世界人民交代。如果不收回，就意味着中国政府是晚清政府，中国领导人是李鸿章！会谈中，面对撒切尔夫人带有要挟和威胁的种种言论，邓小平镇静自若，坚定地说：我还要告诉夫人，中国政府在做出这个决策的时候，各种可能都估计到了。如果在 15 年的过渡时期内香港发生严重的波动，那时，中国政府将被迫不得不对收回的时间和方式另作考虑。如果说宣布要收回香港就像夫人说的"带来灾难性的影响"，那我们要勇敢地面对这个灾难，做出决策。最后，邓小平建议达成这样一个协议，即双方同意通过外交途径开始就香港问题进行磋商，前提是 1997 年中国收回香港。在这个基础上磋商解决今后 15 年怎样过渡得好以及 15 年以后怎么办的问题。从 1982 年 9 月到 1984 年 9 月，邓小平亲自指导了中英两国政府关于香港问题的 22 轮谈判。1984 年 9 月，中英双方在中方政策基础上达成协议，12 月 19 日中英两国政府签署了《关于香港问题的联合声明》，确认 1997 年 7 月 1 日中华人民共和国对香港恢复行使主权。

也许此刻邓小平想到的是他多次表达的一个愿望：争取活到 1997 年中国对香港恢复行使主权后，到香港自己的土地上走一走，看一看，哪怕坐着轮椅也要去。

当时的风很大，不断地吹动起老人家的衣领，可老人家一动也不动。负责接待的省委副秘书长陈开枝两次走上前去劝邓小平："风大了，请您上车吧。"

这天晚上的晚餐也是在十分热烈的气氛中进行的。大家谈笑风生，无拘无束。邓楠对爸爸说："给你准备了你喜欢的家常菜，知道你已不吃辣椒，这盘辣椒是给我们吃的。"

邓小平风趣地说："这好，各取所需，不强加于人。"

邓楠又说："对深圳人民来说，你是一朵大牡丹花，大家爱你！"

邓小平说："我可不能一花独放。红花要有绿叶扶，没有绿叶花不好看。再说，绿叶还要接受阳光照射，通过光合作用给鲜花提供营养。"

这时，女服务员小曾崇敬地说："邓爷爷，你是我们心中的太阳，没有你，深圳哪有这么好的今天！你的理论思想为我们指明了方向，使我们走上了一条发展、富裕之路！"

邓小平指着小曾说："你也成了小理论家了。"说得大家全笑了起来。

不一会儿，邓小平又若有所思地对大家说："做人不能处处突出个人。智慧来自集体。好的领导能把群众的智慧汇集起来，充分运用。"他指指邓楠说："你现在也是领导，要注重调查研究，不要脱离实际。科技发展要多听专家意见，你才是个明白人。"

晚饭后照例散步半小时左右，邓小平一边散步，一边同市委负责人交谈，当散完步往回走时，市领导建议从原来的路上走回去，邓小平却坚持走另一条路，并风趣地说："我不走回头路！"

这是他第二次说"不走回头路"。1984年1月邓小平第一次视察经济特区时，就曾说："我从来不走回头路。"这就是邓小平一贯的风格，也是他坚持改革开放的决心！

1月20日上午9时35分，邓小平在省、市负责人的陪同下，来到深圳国贸大厦。全大厦的男女职工们站在两旁，鼓掌欢迎邓小平的到来，他们齐声呼喊："邓爷爷好！"邓小平也高兴地向大家招手，并鼓掌致意。

国贸中心大厦，楼高160米，高高耸立，直插云端，是当时国内第一高楼。这是深圳人民的骄傲。深圳的建设者们曾在这里创下了"三天一层楼"的记录，成了"深圳速度"的象征。到深圳的中外人士，总要登上楼顶的旋转餐厅，远眺深圳的景色。

邓小平在深圳国贸大厦听取中共深圳市委负责人的报告并发表谈话

邓小平每到一地，总喜欢登高望远，纵览全貌。邓小平登上 53 层楼，来到了旋转餐厅，临窗而坐，俯瞰深圳市区全貌。他先听市委书记李灏介绍眼前的市容。望远处，高楼林立，马路纵横，全是新建筑，到处是一片欣欣向荣的景象；看近处，老宝安城已变得巴掌般大，矮房窄巷湮没在高楼大厦之中。上次来深圳曾经登临的国商大厦，如今成了"小弟弟"。邓小平看了后很是高兴。

接着，李灏打开一张深圳市总体规划图，简要汇报了深圳的改革开放和经济建设的情况。

李灏说，深圳的经济建设发展很快，人民生活水平有了很大提高，1984 年，人均收入为 600 元，现在是 2 000 元。改革开放也有了很大的发展。他说，这些年来，我们的精神文明建设和物质文明建设是同步发展的。深圳人对建设有中国特色的社会主义坚定不移，并且充满信心。

听完汇报，邓小平充分肯定了深圳在改革开放和建设中所取得的成绩。

李灏汇报时说，我们这些年接待了不少国家首脑级外宾，特别是新加坡总理李光耀先生几次来过深圳，并发表过不少意见。概括起来是三句话：一句是中国不能没有深圳，因为它是改革开放的试验场；第二句话是深圳进行的改革如果成功，说明邓小平先生提出的建设有中国特色社会主义的路子走得通；第三句话讲廉政建设，他说他当了多年新加坡总理，培养了不少百万富翁，但他自己不能做百万富翁。这实际上表明了一个领导者应具备的政治素质和道德素质。

邓小平当即接过话题说，广东20年赶上亚洲"四小龙"，不仅经济要上去，廉政建设、社会秩序、社会风气也要搞好，两个文明建设要超过他们，这才是有中国特色的社会主义。新加坡的社会秩序算是好的。他们管得严，我们应当借鉴他们的经验，而且比他们管得更好。

邓小平望望窗外，谈兴更浓。他语气坚定地说：改革开放迈不开步子，不敢闯，说来说去就是怕资本主义的东西多了，走了资本主义道路。要害是姓"资"还是姓"社"的问题。判断的标准，应该主要看是否有利于发展社会主义社会的生产力，是否有利于增强社会主义国家的综合国力，是否有利于提高人民的生活水平。

讲着讲着，邓小平激动地举起右手，加重语气说：要坚持党的十一届三中全会以来的路线、方针、政策，关键是坚持"一个中心、两个基本点"。不坚持社会主义，不改革开放，不发展经济，不改善人民生活，只能是死路一条。基本路线要管一百年，动摇不得。只有坚持这条路线，人民才会相信你，拥护你。谁要改变三中全会以来的路线、方针、政策，老百姓不答应，谁就会被打倒。这一点，我讲过几次。如果没有改革开放的成果，"六四"这个关我们闯不过，闯不过就乱，乱就打内战，"文化大革命"就是内战。为什么"六四"以后我们的国家能够很稳定？就是因为我们搞了改革开放，促进了经济发展，人民生活得到了改善。所以，军队、国家政权，都要维护这条道路、这个制度、这些政策。

当时在场的陈开枝后来在《起点——邓小平的南方之行》一书中这样写道："这一番话是老人家到达深圳以后的第一次有系统、有重点的谈话。我认为也是他老人家整个南方谈话中最重要的一次。老人家讲这番话时，声音特别洪亮，神情特别凝重，语气特别严肃，眼睛里放射出一种让人不容置疑的光芒。讲到激动的时候，还不断举起微微颤抖的右手来加强语气，使在场的同志都被强烈感染……"

紧接着，邓小平又说道："在整个改革开放的过程中，必须始终注意坚持四项基本原则。十二届六中全会我提出反对资产阶级自由化还要搞二十年，现在看起来还不止二十年。资产阶级自由化泛滥，后果极其严重。特区搞建设，花了十几年时间才有这个样子，垮起来可是一夜之间啊。垮起来容易，建设就很难，在苗头出现时不注意，就会出事。"

邓小平说："一手抓改革开放，一手抓打击各种犯罪活动。这两只手都要硬。打击各种犯罪活动，扫除各种丑恶现象，手软不得……开放以后，一些腐朽的东西也跟着进来了，中国的一些地方也出现了丑恶的现象，如吸毒、嫖娼、经济犯罪等。要注意很好地抓，坚决取缔和打击，决不能任其发展……事实证明，共产党能够消灭丑恶的东西……廉政建设要作为大事来抓，还是要靠法制，搞法治靠得住些。总之，只要我们的生产力发展，保持一定的经济增长速度，坚持两手抓，社会主义精神文明就可以搞上去。"

邓小平特别强调必须培养好接班人，他说："要进一步找年轻人进班子。现在中央这个班子年龄还是大了点，六十过一点的就算年轻的了。这些人过十年还可以，再过二十年，就八十多岁了，像我今天这样聊聊天还可以，做工作精力就不够了。现在中央的班子干得不错嘛！问题当然还有很多，什么时候问题都不会少。我们这些老人关键是不管事，让新上来的人放手干，看着现在的同志成熟起来。老年人自觉让位，在旁边可以帮助一下，但不要作障碍人的事。对于办得不妥当的事，也要好心好意地帮，要注意下一代接班人的培养。我坚持退下来，就是不要在老年的时候犯错误。老年人有长处，但也有很大的弱点，老年人容易固执，因此老年人也要有点自觉性。越老越不要最后犯错误，越老越要谦虚一点。现在还要继续选人，选更年轻的同志，帮助培养。不要迷信。我二十几岁就做大官了，不比你们现在懂得多，不是也照样干？要选人，人选好了，帮助培养，让更多的年轻人成长起来。他们成长起来，我们就放心了。现在还不放心啊！说到底，关键是我们共产党内部要搞好，不出事，就可以放心睡大觉。十一届三中全会确立的这条中国的发展路线，是否能够坚持得住，要靠大家努力，特别是要教育后代。"

在国贸大厦，邓小平还强调：要抓住时机，发展自己，关键是发展经济，发展才是硬道理。要多干实事，少说空话。他说，"会议太多，文章太长，不行"。谈到这里，他指着窗外的一片高楼大厦说："深圳发展得这么快，是靠实干干出来的，不是靠讲话讲出来的，不是靠写文章写出来的。"

邓小平纵论天下事，从特区谈到全国，从国内谈到国际，足足讲了30多分钟。

这时旋转餐厅转完一圈，邓小平起身乘观光电梯下到一楼大厅。大厅的音乐喷泉，随着优美的乐曲，喷出图案多变的水柱和水花，蔚为壮观。

这时，早在邓小平下车走进大厅时就发现他的正在国贸中心商场购物的人们，早已聚集在环绕大厅的三层回廊上，从一楼到三楼，站满了人，黑压压一片。一位白发苍苍的老者好不容易才挤在了人群的前面，当工作人员要他们后退时，他一边后退，一边恳求说："我当了几十年'右派'，是邓小平解放了我，让我看看他老人家吧！"这番话感动了大家，也感动了在场的公安局局长梁达均，他作了一个手势，示意给老人行个方便。

不一会儿，邓小平从电梯下来了，群众以雷鸣般的掌声来表达他们对倡导改革开放政策的小平同志的爱戴和崇敬之情，表达他们对身受其惠的改革开放政策的拥护和支持。大家情不自禁地喊着："小平你好！小平你好！"

邓小平也满面笑容地频频向群众招手致意，呈现出老一辈无产阶级革命家同人民群众融洽无间的动人情景。

在国贸大厦参观时还发生了几件趣事：一是邓榕曾对广东省、市领导说，1989 年"六四"以后，小平同志比较沉闷，常常一言不发。所以，"六九"那天大家原以为他不讲话，可是，小平同志还没等到完全听完汇报就发表了重要讲话，急得邓榕等抓起桌上的餐巾纸就记。二是在国贸大厦参观时，谢非原来是有准备的，他带了一台当时最先进的小录音机放在口袋里，当邓小平讲话时，他只按下了放音键，没有同时按下录音键，结果，没录下音来。幸好，谢非的秘书陈建华也录音了，而且录得很完整。

离开国贸大厦，邓小平一行乘车去深圳先科激光公司参观。

先科激光公司是一家高科技企业，它引进荷兰飞利浦公司的先进生产技术，是当时我国唯一的生产激光唱片、视盘和光盘放送机的公司。

据先科集团原董事长叶华明先生介绍，早在 1991 年 7 月的一天，时任深圳市委书记的李灏曾亲自向先科打招呼，说将有"重要外宾"来深圳，当时叶华明就预感到可能是邓小平。12 月中旬，几个市领导又开了一次会，与会的叶华明听取了有关准备工作的要求。那次会议确定了"重要外宾"的参观路线。在先科的参观程序是从展示厅走到生产车间，最后是负责人做简短汇报。

车子到达先科激光公司时，该公司董事长叶华明等人迎上前去，同邓小平热烈握手。

叶华明是叶挺将军的儿子，1946年4月8日叶挺将军因飞机失事不幸遇难，叶华明和弟弟叶正光曾先后生活在聂荣臻元帅家里。邓小平常去聂帅家，见过叶华明和他弟弟。

此时，邓小平握住叶华明的手亲切地问：“你是叶老二吧？”

“不是，我是老四。”叶华明激动地握着这位慈祥的老人的手，并伸出四个手指回答说。

“呵，我们快40年没见面了。”邓小平深情地说。

“是的，我那时是小孩，现在50多岁了。”叶华明回答道。

接着，邓小平又关心地询问了叶华明弟弟的情况。“你弟弟叶正光在哪里工作？”

叶华明说：“在海南岛。”

此情此景，十分感人，充分体现了邓小平对革命后代的关心。

在公司贵宾厅，邓小平听取了叶华明关于公司情况的介绍，并兴趣盎然地看了激光视盘的特性、音响效果、功能和检索能力的演示。在这里，当邓小平看到传记资料片《我们的邓大姐》时，对坐在身旁的广东省委书记谢非说：“我今年88岁，邓颖超同志和我同年，都是1904年生的。我是8月出生，她比我约大半岁。”随后，邓小平还和二女儿邓楠就邓颖超的籍贯究竟是河南还是广西进行了一番对话。

先科公司的一位四川籍歌手还当场用先科生产的音响唱了一首歌——《在希望的田野上》。邓小平听完后，高兴地带头鼓掌说：“声音很好，我听得很清楚，音响效果也不错。”

从贵宾厅出来到激光视盘生产车间，经过30米长的过道，许多职工在过道两侧热烈鼓掌欢迎邓小平。

“这些职工多大年纪？”看着欢迎的人群，邓小平问叶华明。

“大多数是25岁到30岁，由全国各地招聘来的，大部分是科技人员。”叶华明答。

邓小平听后高兴地说:"很好,高科技项目要让年轻人干,希望在青年的身上。"

在激光视盘生产车间,当叶华明介绍他们每年要生产一部分外国电影激光视盘时,邓小平关切地问:"版权怎么解决?"

叶华明回答说:"按国际规定向外国电影公司购买版权。"

邓小平满意地说:"应该这样,要遵守国际有关知识产权的规定。"

邓小平边看边仔细询问公司的情况,从职工待遇到产品原料来源再到生产质量,无不涉及。公司负责人一一做了回答。

邓小平走到几个正在检查视盘效果的女工面前,停下了脚步,亲切地问她们:"你们是什么地方人?"女工们回答:"汕头人。"邓小平笑着说:"我一看就知道你们是广东人。"说得大家都笑了起来。邓小平又走到一个女工面前,问她叫什么名字、哪里人、每月拿多少工资、生活习不习惯等等。这位女工正巧是从四川来的,不知不觉中,邓小平已与这位老乡聊了好几分钟。

临离开车间前,邓小平问到公司今年的生产目标。叶华明介绍说:"今年要生产 50 万张激光视盘,250 部激光视盘电影,国产片和外国片一样多,其中还有科教片和一部分卡拉 OK。总产值可达 3 亿多元,利润 8 000 万元。"邓小平听后高兴地说,"很好,希望你们努力实现这个目标"。

从车间出来,许多员工仍在等着欢送邓小平。叶华明代表先科公司向邓小平赠送了 10 张激光唱片,内容包括革命歌曲选曲和京剧。10 时 40 分,邓小平一行离开先科。

1 月 21 日,虽然天气还比较寒冷,但风和日丽。邓小平来到华侨城,兴致勃勃地游览了中国民俗文化村和锦绣中华微缩景区。

上午 9 点 50 分,邓小平在省、市负责人的陪同下来到中国民俗文化村。

中国民俗文化村是深圳人按照中国众多民族各有特色的生活习惯

建设的体现各民族民俗特色的村落，是集民间艺术、民族风情、民居于一园的大型游览区。

当邓小平出现在民俗村东大门广场时，广场上顿时一片欢腾。这边，唢呐管弦，柔中有刚；那边，威风锣鼓，铿锵雄壮；这里是秧歌队，扭得热火朝天；那里是高跷队，踩得多彩多姿。身穿鲜艳民族服装的各族青年，载歌载舞。邓小平在人群中走着、笑着，走得是那么坚定，笑得是那么开心。他不时停下脚步鼓掌，向大家招手致意。

在广场西侧，邓小平登上电瓶车，经过"徽州石牌坊群"、富有民族特色的"贵州鼓楼""风雨桥""云南藤桥"，以及金碧辉煌的"西藏喇嘛寺"等，他们一行被带进了中华民族源远流长的传统文化长河中。

根据邓小平事前的嘱咐，当天景区照常开放，此时景区已经有些游客，邓小平沿途不断地向各村寨的少数民族员工、景区工作人员和游客亲切招手。在电瓶车经过"陕北窑洞"时，正好碰上一个马来西亚的华人旅行团。当他们发现车上乘坐的是邓小平时，都喜出望外，许多人高喊"是邓小平、邓小平"，并争相拍照。邓小平也高兴地向他们招手致意。次日香港一家报纸发表的一张邓小平坐在电瓶车上的"独家照片"，就是这个团的一位团员提供的。

参观过程中，当华侨城建设指挥部主任马志民介绍到现在民俗村每天平均有一万多游客时，邓小平风趣地说："今天可能就要受干扰了。"

经过海边椰林时，邓小平对高大的铸铜千手观音很感兴趣，他说："我从来还没有见到过这样大的千手观音。"

在民俗村景区看过"陕北窑洞"之后，邓小平下车步行至"新疆村"，抱着小孙子观看新疆维吾尔族的歌舞表演，兴致很高。表演结束后，邓小平走上前去对年纪最小的演员古丽孜尔说："你这小辫子真漂亮，可是在'文化大革命'时期是要剪掉的，还是现在好啊！"

游览了民俗文化村，邓小平又步行一段路来到锦绣中华微缩景区。这是集中国名胜古迹于一体的微缩景区，也是当今世界最大的缩微景区。

听说邓小平来了，正在这里游览的来自全国各地的游客和外国朋友，不约而同地从远处、近处，从四面八方向邓小平涌来，向他鼓掌，表示敬意。有许多人还举起相机，拍下了珍贵的镜头。

邓小平乘电瓶车游览了各个景点。

在"天安门"前，他走下电瓶车观赏了"故宫"的景色。然后，他走到"故宫"景点旁边的小卖部，饶有兴趣地欣赏玻璃柜内的纪念品。

当经过"乐山大佛""云南大理三塔""桂林山水"等景点时，邓小平说："这些地方我都去过。"

到达"布达拉宫"前，大家都下了车，邓小平说："中国其他地方我都去过了，就是没有到过西藏。"卓琳当即说："恐怕你以后也去不了了。"于是，一向不爱照相的邓小平分别同家人、身边的工作人员及陪同的负责人在"布达拉宫"前合影留念。他还高兴地同全家人合影，拍摄了一张"合家欢"。

邓小平虽然没有到过西藏，但对西藏有着很深的感情。1950 年 1 月 2 日，毛泽东从莫斯科发来电报，确定进军西藏的任务由中共中央西南局担任。2 月，邓小平亲自主持拟定了关于和平解放西藏的四项条件。随后，在这四项条件的基础上，他亲自起草了同西藏地方当局谈判的十大政策。这十大政策，后来成为《十七条协议》的基本框架和基础。1951 年 10 月，邓小平麾下的十八军进驻拉萨，西藏和平解放。

在驱车回宾馆途中，邓小平和陪同的负责同志亲切谈话。

据李灏回忆：当时，我们向小平同志汇报了深圳支援相对落后地区的有关情况。我提到，深圳市 1990 年成立了合作发展基金，每年都按固定的比例从财政收入中划出一部分作为这种基金。基金主要为贫困地区开发"造血"型项目，已取得比较好的成效。小平同志听后表示赞同，他说，将来，发达地区上缴利润的方式可以改变一下，用发达地区上缴的钱来补内地。当然现在不变。将来国家要抓这个问题，否则，差距太大。你们好，人家都往你这里跑，你也受不了。对于这种事情，一方面当然要控制人口流入；另一方面特区要多上缴一些利润、税金给国家，投向内地。对于这一点，你们要有思想准备。当然，不是现在就要向你们开刀，现在还不是时候，现在主要还要增加你们的活力。但到一定程度，就要向你们开刀。到本世纪末，就要考虑这些问题了。听到这里，车里的同志都热烈鼓掌。

邓小平还说：走社会主义道路，就是要逐步实现共同富裕。共同富裕的构想是这样提出的：一部分地区有条件先发展起来，一部分地区发展慢点，先发展起来的地区带动后发展的地区，最终达到共同富裕。如果富的愈来愈富，穷的愈来愈穷，两极分化就会产生，而社会主义制度就应该而且能够避免两极分化。解决的办法之一，就是先富起来的地区多交点利税，支持贫困地区的发展。当然，太早这样办也不行，现在不能削弱发达地区的活力，也不能鼓励吃"大锅饭"。

邓小平提出：不发达地区又大都是拥有丰富资源的地区，发展潜力是很大的。总之，就全国范围来说，我们一定能够逐步顺利解决沿海同内地贫富差距的问题。

当深圳市市长郑良玉汇报到在发展经济的同时把社会主义精神文明建设搞好时，邓小平说，只要我们的生产力发展保持一定的增长速度，人民的精神文明建设也可以搞上去。我们完全有能力把社会主义精神文明建设搞好。

邓小平还谈到要尽快把经济建设搞上去。他说，有条件的地方要尽可能搞快点，只要是讲效益，讲质量，搞外向型经济，就没有什么可以担心的。

1 月 22 日上午，阳光明媚，空气清新。邓小平与家人到深圳仙湖植物园种树和游览。

邓小平首先参观了植物园的沙盘模型。

市园林总公司党委书记郭荣华和植物园管理处主任陈潭清简单地介绍了仙湖植物园的情况。当他们介绍说植物园有 8 860 亩时，邓小平说，有这样大的面积，大有可为。

随后，邓小平饶有兴趣地参观了植于室内的各种珍奇植物。

在去荫生植物区的路上，邓小平高兴地夸这里的环境好，天气好。李灏说："就请小平同志多住几天嘛！"邓小平说："是要多住几天的。"这时，国家主席杨尚昆正好走过来了。邓小平的小女儿邓榕说："杨主席和我爸是老哥俩，一见面就都很高兴。"杨尚昆说："我们常常在一起。我们认识已经好几十年了。"说完，杨尚昆屈指数数，从 1932 年到 1992 年恰好 60 年。杨尚昆说："我们认识已经 60 年了。"邓小平若有所思地点点头。

来到荫生植物区后，当陈潭清介绍到桫椤，说这是国家一级保护植物，是距今 1 亿 8 千万年的古生植物时，邓小平立即问他："我国还有一种古生植物叫什么水？"

陈潭清说："叫水杉。"

邓小平："好像长在长江边不远的地方是吗？"

陈潭清说："是的，长在鄂西，利川县水杉坝。"

邓小平说："水杉现在全国都有引种，这种植物能不能引到其他地方栽植呢？"

没等陈潭清回答，邓榕在一旁说："这是南方植物，只能在南方栽植。"

邓小平说："好。"

邓小平一行边走边看，当看到金花茶时，邓小平问这叫什么花，陈潭清说叫金花茶，国家一级保护植物，邓小平说这不是最好的茶花，云南有一种茶花，有碗口那么大，那才好看，叫什么茶花的。邓榕笑着说："那就叫碗茶。"

在转弯的地方，邓小平看到一种十分特殊的竹子，陈潭清介绍说，这是悄悄地从四川的宜宾地区引种来的，竹节似人面，所以叫人面竹，号称每株价值1万元。邓小平听后风趣地说："我是四川人，我有技术产权，你悄悄地从我们四川引种，我要罚你的啊！"听邓小平这么一说，大家都笑起来。

再往前走，邓小平看到一片生机盎然的竹芋栽植区。他指着一棵竹芋问陈潭清："这竹芋长不长芋头？"邓榕说："我爸爸最喜欢吃芋头了。"

陈潭清说，这竹芋不长芋头，只是好看而已，摸起来毛茸茸的，有点像天鹅绒毛，所以它的名字叫天鹅绒竹芋。邓小平顺手摸了一下，说："真是有一点像天鹅绒啊！"

来到一棵"发财树"前，邓榕风趣地对父亲说："以后咱们家也种一棵。"邓小平深情地说："让全国人民都种，让全国人民都发财。"

随后邓小平和全家一起来到大草坪上，草坪中央已挖好一个树坑，邓小平走近坑边栽下了一棵常青树——高山榕，他拿起铁锹一锹一锹给树根培土。夫人卓琳和长女邓林、小女儿邓榕在一旁帮忙。长子邓朴方也推着轮椅过来，拿起铁锹培了土。小孙子拎过来小水桶，和爷爷一起浇了水。

人们不会忘记，邓小平是20世纪80年代以来一年一度的义务植树的倡导者。1982年3月12日，邓小平带着3岁的外孙女羊羊，扛着一把铁锹到北京西山，与解放军战士们一起参加植树活动。一老带一小，共用一把锹，栽种了油松。此后连续多年，邓小平每年都参加植树活动。如今，羊羊长大了，树也长高了，现在邓小平又带小孙子在深圳种了树。

邓小平在仙湖植物园种下了一棵高山榕

栽完树后，邓小平领着小孙子在草坪南侧的小路上继续散步。在这山清水秀的环境里散步，邓小平显得格外高兴。快到上车的时间了，人们舍不得打扰他，都在远远地望着他健步地走呀，走呀。终于，临近中午了，工作人员不得不告诉他该开车了。邓小平扭头对身后的毛毛说："不自由啊！"说完有些无奈地上了汽车，依依不舍地离开了仙湖植物园。

22 日下午 3 点 10 分，邓小平在迎宾馆接见了深圳市委、市政府、市人大、市政协、市纪委的负责人，并同深圳市五套班子的负责人合影。

合影后，人们都围拢过来和邓小平握手，邓小平和大家亲切地交谈。

新华社香港分社社长周南走过来握着邓小平的手，向他问好，并邀请邓小平访问香港。邓小平连声说"好，好"。

时任广州军区司令员的朱敦法中将向邓小平敬礼、问好。中央军委副主席刘华清上将向邓小平介绍说："朱敦法同志在淮海战役中是个连长。"邓小平笑着说，"那时还是个娃子哩"。在淮海战役时，44 岁的邓小平担任淮海战役总前委书记，统一指挥中原野战军和华东野战军。

邓小平即席对省市负责人发表谈话说："改革开放胆子要大一些，敢于试验，不能像小脚女人一样。看准了的，就大胆地试，大胆地闯。深圳的重要经验就是敢闯。没有一点闯的精神，没有一点'冒'的精神，没有一股气呀、劲呀，就走不出一条好路，走不出一条新路，就干不出新的事业。不冒点风险，办什么事情都有百分之百的把握，万无一失，谁敢说这样的话？一开始就自以为是，认为百分之百正确，没那么回事，我就从来没有那么认为。"

李灏说："深圳特区是在您的倡导、关心、支持下才能够建设和发展起来的。我们是按您的指示去闯、去探索的。"

邓小平说:"工作主要是你们做的。我是帮助你们、支持你们的,在确定方向上出了一点力。"

邓小平说:现在建设中国式的社会主义,经验一天比一天丰富。经验很多,从各省的报刊材料来看,都有自己的特色。这样好嘛,就是要有创造性。在农村改革和城市改革中,不搞争论,大胆地试,大胆地闯;我们的政策就是允许看。允许看,比强制好得多。

1月23日,邓小平在谢非的陪同下前往珠海特区。

上午8点30分,深圳市委负责人以及警卫、服务人员,在迎宾馆依依不舍地同邓小平握手告别。

车子在宽阔的马路上向蛇口驶去。在车上,邓小平和省市负责人亲切交谈。

李灏向邓小平简要地汇报深圳改革开放的几个措施:调整产业结构;放开一线,管好二线,把深圳特区建成第二关税区;加强法制,依法治市,加强立法工作;把宝安县改为深圳市的3个郊区,等等。

邓小平听了后说:"我都赞成,大胆地干。每年领导层要总结经验,对的就坚持,不对的赶快改,新问题出来抓紧解决。不断总结经验,至少不会犯大错误。"

李灏说:"您讲的非常重要。我们要争取少犯错误,不犯大错误。"

听到这里,邓小平严肃地指出:"我刚才说,第一条是不要怕犯错误,我们首先考虑的是要敢闯,而不是首先考虑犯不犯错误。第二条是发现问题赶快纠正。"

谈着谈着,车子到了蛇口。

李灏说南山的荔枝很有名,全世界最好的荔枝在中国,中国的荔枝最好是广东,广东荔枝最好是东莞、增城、深圳等地方。

这时,邓楠插话说:"那么,全世界的柚子哪儿最好呢?"车子里爆发出一阵哄堂大笑。原来,邓小平平时在家里常对孩子们夸四川的柚子最好,孩子们都不同意,认为沙田的柚子最好。

笑声过后，邓小平说："四川柚子最好，但认识统一不起来。"

邓榕说："说沙田柚子好的人多，说四川柚子好的人少。"

车子在蛇口一个地方停了几秒钟，邓榕指着远处的"海上世界"对邓小平说："这是海上世界，是您给题的名。"

车子到了赤湾港，缓缓地行驶。邓小平坐在车里看赤湾港。

李灏介绍说，赤湾港在蛇口里面，可停3.5万吨的船，准备建成5万吨的。深圳东部和西部都有港口，去年吞吐量达1 400万吨，将来要达到上亿吨。

车到蛇口港码头，邓小平下车后，同前来迎接的珠海市委书记、市长梁广大亲切握手。

梁广大说："我们盼您盼了很久啦！"

邓小平微笑着说："我也希望来看看。"

然后邓小平同深圳市负责人李灏、郑良玉、厉有为一一握手告别。

邓小平向码头走了几步，突然又转回来，对李灏说："你们要搞快一点！"把握时机，快一点将经济建设搞上去，是邓小平对深圳的期望，也是时刻萦绕在他心头的一件大事。

李灏说："您的话很重要，我们一定搞快一点。"

关于邓小平视察深圳的情况，多年后，李灏回忆说：第一天下午他就休息了，也不让我们陪他吃饭。第二天就参观了国贸大厦。看完后到旋转餐厅喝茶，我们想这就是个汇报的机会，虽然他说不听汇报，你坐这儿喝茶我跟你说说情况你还拒绝啊，所以他没拒绝。我们就稍微系统地向他汇报，把那个规划图摆在他面前，跟他讲我们的城市规划、经济发展等情况。我讲到特区的作用，说李光耀来得最多，他讲话很多。我们第一次见面就谈到了廉政建设，他问我你那里有没有腐败，有没有贪污，我说有啊，我也正学你搞监察局，就是类似你那个反贪局，香港叫廉政公署，这个机构是专门监督公务员的。李光耀就讲到了贪污问题。他说新加坡抓这个东西抓得很紧的，说他当了20多年的总理，培养了很多百万富翁，但是他自己不能当百万富翁。他说他们公务员只能靠工资生活，所以要把薪水提得很高。我跟小平同志讲这个情况，然后我就说新加坡的精神文明建设搞得比较好。小平同志接着这个话就说，经济要发展，这是物质文明的建设，但是我们也要搞精神文明的建设，要把社会风气、社会秩序搞好，他说这方面我们需要向新加坡学习，他们做得比较好，管得比较严，但是我们学习之后要搞得比他们更好。第三天就是看中华民俗村和锦绣中华了。在回到宾馆的路上我们又抓住机会跟他谈了，这次主要是谈共同富裕的问题。我说深圳特区生活水平是比较高，但是我们从来也不敢忘记人民，1990 年我们就开始建立了深圳合作发展基金。这个基金建立起来以后，把第一笔贷款贷给那些相对发展比较慢的地区，每年 2％递增，当时我们的财政收入还很低，一二十个亿，我说到 2000 年争取基金能够拥有 10 个亿。小平同志说你做得好，就讲到贫富差距的问题了。他特别讲，你发展了，必须要对后进的地区有所帮助，贫富差距越来越大不行，要共同富裕才是社会主义。而且他又说了一个重要的思想，他说等到本世纪末，你就要多上点儿税收，多上缴利润给中央，用以支持贫困地区。他说我们现在不向你开刀，到本世纪末就向你开刀了。我们听了以后大声鼓掌。

9 点 40 分，邓小平登上了海关 902 快艇，启程到珠海特区考察。

快艇劈波斩浪向珠海疾驶而去。8 年前邓小平由深圳到珠海时也是横渡百里珠江口，走的也是这条航线。当年，邓小平视察珠海经济特区后题写了"珠海经济特区好"，给珠海人民以巨大的精神鼓舞。

舰舱内，邓小平坐在小沙发上，戴上老花镜，对谢非急切地说："拿地图给我。"早有准备的谢非迅速拿出一张彩色的广东省地图，摊在邓小平面前，和梁广大一起向邓小平汇报广东改革开放和经济发展的情况。邓小平戴上花镜，一边看地图，一边听汇报。

谢非汇报时说，广东经济发展大致可分为三种类型，一片是经济较发达的珠江三角洲，为"第一世界"；一片是粤东粤西平原地区，为"第二世界"。谢非讲到这里，邓小平问："那余下的是'第三世界'了？"谢非说："是，我省广大山区经济还比较落后，为'第三世界'。我们正努力缩小贫富地区差距，力争在下世纪初赶上中等发达国家水平。"邓小平说："要得。"他肯定了广东发展的思路，认为广东在改革开放中起了龙头作用，今后还要继续发挥龙头作用。

接着梁广大简略汇报了珠海的发展变化。

邓小平听后很激动地说："对于我们这样发展中的大国来说，经济要发展得快一点，不可能总是那么平平静静、稳稳当当。要注意经济稳定、协调地发展，但稳定和协调也是相对的，不是绝对的。发展才是硬道理……抓住时机，发展自己，关键是发展经济。现在，周边一些国家和地区经济发展比我们快，如果我们不发展或发展得太慢，老百姓一比较就有问题了。所以，能发展就不要阻挡，有条件的地方要尽可能搞快点，只要是讲效益，讲质量，搞外向型经济，就没有什么可以担心的。低速度就等于停步，甚至等于后退。要抓住机会，现在就是好机会。我就担心丧失机会。不抓呀，看到的机会就丢掉了，时间一晃就过去了。"

他强调：从国际经验来看，一些国家在发展过程中，都曾有过高速发展时期，或者高速发展阶段。现在，我们国内条件具备，国际条件有利，再加上发挥社会主义制度能够集中力量办大事的优势，在今后的现代化建设中，出现若干个发展速度比较快、效益比较好的阶段，是必要的，也是能够办得到的。我们就是要有这个雄心壮志！

谈到如何选好各级的带路人，邓小平对谢非和梁广大说："我在一九八九年五月底还说过，现在就是要选人民公认是坚持改革开放路线并有政绩的人，大胆地放进新的领导机构里，使人民感到我们真心诚意搞改革开放。人民，是看实践。人民一看，还是社会主义好，还是改革开放好，我们的事业就会万古长青！"

谈到各级领导班子必须坚持党的十一届三中全会以来的路线、方针、政策时，邓小平语气坚定地说："谁反对改革开放，谁下台！"

邓小平指出，对改革开放，一开始就有不同意见，这是正常的。不只是经济特区问题，更大的问题是农村改革，搞农村家庭联产承包，废除人民公社制度。开始的时候只有1/3的省干起来，第二年超过2/3，第三年才差不多全部跟上，这是就全国范围讲的。开始搞并不踊跃呀，好多人在看。我们的政策就是允许看。允许看，比强制好得多。我们推行三中全会以来的路线、方针、政策，不搞强迫，不搞运动，愿意干就干，干多少是多少，这样就慢慢跟上来了。不搞争论，是我的一个发明。不争论，是为了争取时间干。一争论就复杂了，把时间都争掉了，什么也干不成。不争论，大胆地试，大胆地闯。农村改革是如此，城市改革也应如此。

快艇已接近珠海市九洲港，望着窗外烟波浩渺的伶仃洋，邓小平把话题转到国际共产主义运动的发展历程，他说："时间算得长一点，1917年到现在也才70多年，时间还短，所以不能掉以轻心。我们共产党员的任务还没有完成。问题是要自觉，共产党员要讲自觉性，少开点会。联系实际，教育人民，教育党员，首先教育领导层。教育者要自我教育，最靠得住是这个东西。所以我们进行改革，三中全会以来，不搞强迫，不搞运动。这在改革开放之前我们说过，运动无论如何不要搞，那个危害太多，人也整得太多，整得滥，正确的也说理不够，不要搞那个运动啦，但是不等于不搞教育。"

梁广大说："港澳同胞特别关心中国改革开放政策的稳定性，创办特区的实践中，群众反映最大的是我们的政策有时这样，有时那样。有些政策'下放'不久又'回收'了，下边执行起来左右为难，不知怎么才好。"

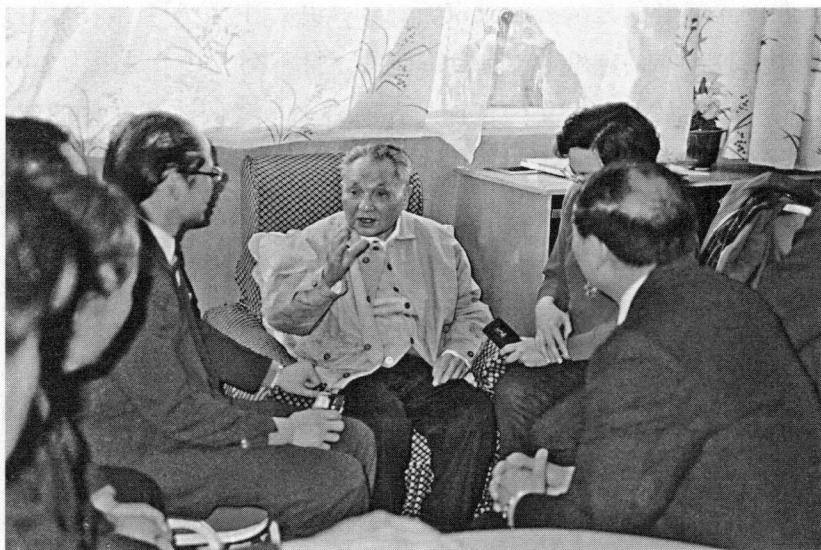

1992 年 1 月 23 日，邓小平在从深圳前往珠海的快艇上发表谈话

　　说到这里，邓小平接过话题，神情严肃地强调说："现在，有右的东西影响我们，也有'左'的东西影响我们。但根深蒂固的还是'左'的东西。有些理论家、政治家，拿大帽子吓唬人的，不是右，而是'左'。'左'带有革命的色彩，好像越'左'越革命，'左'的东西在我们党的历史上可怕呀！一个好好的东西，一下子被他搞掉了。"

　　邓小平的话音未落，他的小女儿邓榕就问他："您在历史上几次受'左'的迫害呀？"邓小平提高声音，伸出三个指头说："三次啊！"

　　邓小平说："右的东西有，动乱就是右的！'左'的东西也有。把改革开放说成是引进和发展资本主义，认为和平演变的主要危险来自经济领域，这些就是'左'。我们必须保持清醒的头脑，这样就不会犯大错误，出现问题也容易纠正和改正。"

　　邓小平还说到："学马列要精，要管用的。长篇的东西是少数搞专业的人读的，群众怎么读？要求都读大本子，那是形式主义的，办不

111

到。我的入门老师是《共产党宣言》和《共产主义 ABC》。最近，有的外国人议论，马克思主义是打不倒的。打不倒，并不是因为大本子多，而是因为马克思主义的真理颠扑不破……我们改革开放的成功，不是靠本本，而是靠实践，靠实事求是。农村搞家庭联产承包，这个发明权是农民的。农村改革中的好多东西，都是基层创造出来，我们把它拿来加工提高作为全国的指导。实践是检验真理的唯一标准。我读的书并不多，就是一条，相信毛主席讲的实事求是。过去我们打仗靠这个，现在搞建设、搞改革也靠这个。我们讲了一辈子马克思主义，其实马克思主义并不玄奥。马克思主义是很朴实的东西，很朴实的道理。"

快艇行驶了一个多小时，邓小平也不停地与省市领导交谈着。快艇靠岸了，他和艇上的工作人员一一握手，并合影留念。然后在谢非和梁广大等同志的陪同下，踏上了阔别了 8 年的珠海大地。

整整 8 年，当邓小平第二次到珠海时，这里已经成为一座充满现代气息的花园式海滨城市。

稍事休息，邓小平在谢非和梁广大以及市有关负责人的陪同下驱车游览珠海市容。

路过吉大村时，邓小平指着景山路说道："我记得以前这里有一座小桥，一条小路，现在没有了，变了。""昔日这里是一条石头铺的小路，还有一座小桥（白沙河桥）。"他在回忆 8 年前的珠海。

是的，8 年前的这里除了刚落成的珠海宾馆和石景山旅游中心，几乎没有其他像样的建筑群，就连景山路也没有。那时的吉大地区还只是一片乡村田野。8 年后的今天，吉大已成为珠海的旅游、金融、商业中心，还开发了 2 个工业小区。景山路也已成为珠海市区最繁忙的主要交通干道之一。道路两侧的国际贸易展览中心和九洲城旅游购物中心已成为珠海旅游城中引人注目的人文景观。

当汽车驶近凤凰路珠海影剧院时，邓小平又指了一指窗外说："我一九八四年来这里时，记得这里只有一座石头砌的大房子，现在都盖上新大楼，变化真大呀！"

凤凰路是珠海历史变迁的见证。珠海建市前，这条唯一的道路不过是一条初级公路。建市后，这条不到 10 米宽的道路铺上了沥青碎石面。直到 1984 年邓小平来珠海时，凤凰路两侧除了珠海影剧院，几乎没有一幢新建筑物。8 年后的凤凰路，已经变成一条四车道的水泥道路。道路两侧的高楼鳞次栉比，成为珠海最繁华、热闹的街道。

梁广大在车上边陪邓小平游览珠海城市景观边介绍珠海这些年来的建设发展情况。邓小平边听边看，不断地点头表示赞许："这样搞很漂亮，有自己的特点。"他幽默地说："这里很像新加坡呀，这么好的地方谁都会来，我要是外商的话，我也会来这里投资的。"

看到一幢幢漂亮的厂房接连掠过，邓小平高兴地说："现在总的基础不同了，我们十年前哪有这么多工厂。现在大中型厂子里的设备多好呀，过去我们搞'两弹'必需的设备和这些比，差得远呢，简单得很，不一样啦！"

由此，邓小平两次谈到这些年来我国经济发展的速度问题。他说："经济发展比较快的是一九八四年至一九八八年。这五年，首先是农村改革带来许多新的变化，农作物大幅度增产，农民收入大幅度增加，乡镇企业异军突起。广大农民购买力增加了，不仅盖了大批新房子，而且自行车、缝纫机、收音机、手表'四大件'和一些高档消费品进入普通农民家庭。农副产品的增加，农村市场的扩大，农村剩余劳动力的转移，又强有力地推动了工业的发展。这五年，共创造工业总产值六万多亿元，平均每年增长百分之二十一点七。吃、穿、住、行、用等各方面的工业品，包括彩电、冰箱、洗衣机，都大幅度增长。钢材、水泥等生产资料也大幅度增长。农业和工业，农村和城市，就是这样相互影响、相互促进。这是一个非常生动、非常有说服力的发展过程。可以说，这个期间我国财富有了巨额增加，整个国民经济上了一个新的台阶。"

接着，邓小平说道："一九八九年开始治理整顿。治理整顿，我是赞成的，而且确实需要。经济'过热'，确实带来一些问题。比如，票子发得多了一点，物价波动大了一点，重复建设比较严重，造成了一些浪费。但是，怎样全面地来看那五年的加速发展？那五年的加速发展，也可以称作一种飞跃，但与'大跃进'不同，没有伤害整个发展的机体、机制。那五年的加速发展功劳不小，这是我的评价。治理整顿有成绩，但评价功劳，只算稳的功劳，还是那五年加速发展也算一功？或者至少算是一个方面的功？如果不是那几年跳跃一下，整个经济上了一个台阶，后来三年治理整顿不可能顺利进行。看起来我们的发展，总是要在某一个阶段，抓住时机，加速搞几年，发现问题及时加以治理，尔后继续前进。"

汽车由凤凰路桥转入即将竣工的海湾大道。这条连接珠海香洲和唐家、金鼎等生活小区的纽带，全长 10 多千米，宽 30 多米，清一色的混凝土路面，中间由姹紫嫣红、绿郁葱茏的绿化带隔离，犹如青山绿水间的一条漂亮的彩练。1984 年邓小平第一次到珠海时就是从唐家码头上岸，是沿着当时那条弯弯曲曲的小柏油路，绕了一段进入市区的。当时，海湾大道还是广珠公路的一部分，不足 10 米宽的柏油路面到处坑坑洼洼，而公路两侧看不到几间住房。8 年过去了，这里发生了天翻地覆的变化。

邓小平看出了这一带农民生活的变化，他指着一座座漂亮的村民住宅问道："广东的农民收入有多少？"

"去年全省人均收入 1 100 元。"谢非回答说。

"我看不止这个数。"邓小平肯定地说，"如果是这个收入，盖不了这么好的楼房，买不起这么好、这么多的家当。这个算法不准确，有很多没有算进去。"

当梁广大汇报到去年珠海市工业总产值已突破百亿元时，邓小平满意地点点头，说："你们这个发展速度很快了。"梁广大说："我们是按照您指引的改革开放道路走过来的。我们一定坚决把您的决策贯彻到底。"

邓小平笑着说："我的决策还有一点用处，我的主要用处就是不动摇。"

高科技企业是珠海经济特区的主要产业之一。在珠海特区的7天里，邓小平一连考察了几个高科技企业。

1月24日上午9点40分，邓小平来到珠海经济特区生化制药厂。

迎候在厂门口的厂长迟斌元握住邓小平的手说："我们全厂职工盼望您来啊！您是中国改革开放的总设计师，我们能有今天，是您指引的结果。"邓小平摆摆手说："过奖了。"

看到工厂一派热气腾腾的景象，邓小平高兴地说："这几年，广东成绩很大，山东也不错，生机勃勃，还有江苏。"

在工厂会议室里，邓小平听取了关于"凝血酶"的研制生产和工厂发展等情况。

生化制药厂开发生产的"凝血酶"是一种特效的止血药品。全厂80人，去年完成了3 000多万元的产值，人均创税利达12万元。当邓小平听说"凝血酶"已成功打入国际市场时，高兴地对厂长说："我们应该有自己的拳头产品，创出中国自己的名牌，否则就要受人欺负。这就要靠我们的科技工作者出把力，这样才能摆脱被人欺负的局面。"

接着他兴致勃勃地参观了该厂的生产车间。在一个车间门口，他透过玻璃门，向里面起立鼓掌的科技人员亲切招手。走过一个车间门口时，邓小平对迟斌元和陪同的省市委领导说："在科学技术方面中国应有一席之地，你们这个厂的发展成果，就是一席之地的一部分。中国应该每一年有新东西，每一天有新东西，这样才能占领阵地。尽管我岁数大了，但我感到有希望，很有希望。这十年进步很快，但今后会比这十年更快。全国各行各业都要通力合作，集中力量打歼灭战。每一个行业，都要树立明确的战略目标，我们过去打仗就是用这种办法。"

视察过程中，邓小平看到在生化制药厂厂部办公室的墙壁上挂着一块写好的牌子，上面写着：国家利益来自企业效益，企业效益来自员工努力，个人利益来自国家富强。邓小平在牌子前停下来仔细看了看，点头赞同地说："很对！"

走到一座楼梯的转弯处，邓小平看到墙上挂着一块写有"不求虚名，只求实干"的标语牌，他停下脚步，轻声地念了一遍，赞许地说："对，就是要实干。"

在经过迟斌元的办公室时，邓小平看见玻璃门内站着一个虎头虎脑的孩子，十分招人喜欢，这个孩子睁着一双大眼睛好奇地望着外边。正是迟斌元的儿子迟昊，小名叫小龙。老人家慈祥地招着手对孩子说："过来，过来。"这时，小龙的妈妈司华抱起小龙走了过来，迟斌元介绍说："这是我的爱人和孩子小龙。"邓小平亲切地抚摸着小家伙圆圆的脑袋，没想到这个只有两岁半的孩子忽然伸出一双小手，搂着邓小平的脖子，"叭"的一声亲了他一下。邓小平高兴极了，人群中也爆发出雷鸣般的掌声，围在四周的记者们更是兴奋。大家就喊："再亲一下！"邓小平也配合地把脸转了过去，小家伙懂事地再次亲了邓小平一口，又是掌声四起，场面十分热烈。

参观结束时，邓小平同大家合影留念。迟斌元抱着孩子小龙被安排坐到了邓小平的身边。邓小平伸手想去抱孩子，工作人员怕他年纪大了，抱不起来，劝住了他。他很疼爱地抚摸孩子，也留下了一张珍贵的充满亲情的照片。

告别的时候到了。邓小平对迟斌元说："我是外行，但我要感谢你们这些内行。"

邓小平参观珠海生化制药厂

这时，穿着白色工作服的姑娘们一声不响，挤在通路两旁，泪水顺着脸颊流了下来，朦胧的泪眼一刻也不愿离开她们敬爱的邓爷爷。

"邓爷爷，您再来呀！"

"您什么时候再来呀！"

人们纷纷向老人家挥手再见。汽车已发动了，老人家开始向中巴走去。突然，他收住脚步停了下来，回身向大家殷切地嘱咐道："希望你们珍惜荣誉啊！"

1月25日上午9点35分，邓小平来到珠海市高新技术企业亚洲仿真控制系统工程有限公司参观。当邓小平走来时，公司员工立即报以热烈的掌声。老人家停下脚步，大声地说："祝贺你们，祝贺你们年轻人！"

公司总经理游景玉向他详细介绍了公司的科研、生产和科技队伍等情况。当游景玉汇报到亚仿公司走的是一条科技、生产、效益相结合的道路时，邓小平问道："科学技术是第一生产力的论断，你认为站得住脚吗？"

游景玉回答说："我认为站得住脚，因为我们是用实践来回答这个问题的。"

邓小平点点头说:"就是靠你们来回答这个问题。"

游景玉说:"我们过去的实践、现在的实践和未来的实践都会说明这个问题。"

邓小平微笑着说:"我相信它是正确的。"

随后,邓小平又亲切地问游景玉:"你是留美的吗?"

游景玉回答道:"我是代表我们国家去完成引进任务,在美国住的时间比较长。"邓小平听后,敏捷而风趣地说:"是培训。"

游景玉点点头说:"我们公司还有不少人都是在美国经过不同的培训回来的。但是我们有个很坚定的意志,我们在中国一定会把高科技发展起来,在改革开放这样一个大环境之下,一定能够很好发展起来。我们的经济,我们的科技一定能发展上去。我们全公司不同年龄的知识分子的干劲和全体职工的干劲都是为了发展高科技这一目的。而且在珠海这样一个好的环境下,深得各级领导的关心、支持和帮助,我们要把民族科技搞上去!"

邓小平沉思片刻,深情地说:"你们要带头,希望所有出国学习的人回来。不管他们过去的政治态度怎样,都可以回来,回来后妥善安排。这个政策不能变。告诉他们,要做出贡献,还是回国好。希望大家通力合作,为加快发展我国科技和教育事业多做实事。"

邓小平在省、市领导的陪同下走进机房,他看见一台 30 万千瓦的模拟电机组正在微机控制下进行工作。他看得很认真,显得十分兴奋。他说:"我相信你们能在发展高科技方面带个头。"他竖起大拇指轻轻地晃动着,双眼充满着对年轻科技工作者的希望。

参观中,游景玉汇报说:"我们公司投产第一年,人均产值达 20 多万元。"邓小平马上接着道:"更重要的是水平。近一二十年来,世界科学技术发展多快啊!高科技领域的一个突破,带动了一批产业的发展。要提倡科学,靠科学才有希望。近十几年来我国科技进步不小，希望在 90 年代，进步得更快。"

游景玉向邓小平介绍说，他们公司 105 人中 80％以上是博士、硕士和高中级科技人员。邓小平听后看着机房内先进的技术设备和良好的工作条件，颇有感慨地对科技人员说："你们现在的条件要比 50 年代好多了。大家要记住那个年代，钱学森、李四光、钱三强那一批老科学家，在那么困难的条件下，把'两弹一星'和好多高科技项目搞起来。应该说，现在的科学家更幸福，因此，对我们的要求也更多、更高了。"他说："要提倡科学，靠科学才有希望。近十几年我国科技进步不小，希望 90 年代进步更快。每一行都树立一个明确的战略目标，一定要打赢。高新科领域，中国要在世界上占有一席之地。"

在计算机房内，邓小平在游景玉的陪同下进入机房，参观了正在研制的两套火电站仿真机。邓小平连声称赞："好东西，好东西啊！"

游景玉介绍说，这两套电站仿真机设备是追踪世界最新技术搞起来的。邓小平高兴地说："我是看新鲜。要发展高新技术，越新越好，越高越好，越新越高，我们就高兴。不只我们高兴，人民高兴，国家高兴！"

在公司大厅，游景玉指着墙上"造就人才，贡献中华"几个醒目的大字对邓小平说："我们全公司的人都在为贡献中华而努力。"邓小平听了以后，语重心长地对大家说："对国家要爱哟！中国要发达起来，中国穷了几千年了，现在是改变这种状况的时候了。全国各行业要共同努力，来证明我们可以干很多事情。"接着他又说："我们社会主义的好处是可以调动人力，统一规划，集中人才，打歼灭战。"

机房里坐在计算机旁的都是年轻人。邓小平走着看着，脸上露出喜悦的神情。当他走到一台计算机旁时，停了下来，正在操作的从复旦大学毕业的年轻人郑在峰站了起来，她有些害羞、怯生生地伸出了手，邓小平亲切地和她握着手。一旁的从浙江大学毕业的硕士生吴芳辉也站了起来，连忙向邓小平伸出了手。邓小平也高兴地握着这位年轻人的手说："我要握握年轻人的手，科学的希望在年轻人。"顿时，人群沸腾了。一双双年轻的手伸过来，邓小平一一同大家握手，握过前排的手又握中排的，握过中排的手再握后排的，一个也没漏下。邓小平一边握手，一边说："我很高兴，我们有这么年轻的科技队伍。"

在返回的路上，邓小平由衷地对周围的人说："真高兴啊，我真高兴看到这样年轻的队伍。当年钱学森搞导弹的时候，给他 100 个中学生、高中生，就这样带出来了。现在大专以上的科技人员在这个公司就差不多有 100 人，学历比那时高得多了。珠海这个地方就容纳了这么多高科技人才，从全国来说，就更多了。要不断造就人才，只要有了人才，事业就兴旺。今天真高兴看到这样年轻的科技队伍，中国有希望啊！"

梁广大接过话题说："您一贯重视科技人才。根据您的思想。我们准备在今年 3 月召开推动科技进步大会，对有突出贡献的科技人员给予轿车、住房、现金重奖。"

邓小平伸出大拇指说："我赞成！"然后又说："今天我们看到那么多年轻的科技工作者，有希望啊！从中国出去的科学工作者，有许多都很怀念祖国，这很好啊！要把他们吸引回来。"

梁广大回答："去年已有不少在国外的科技人员要求来珠海工作。"

谢非也说道："广东省已制定了政策，欢迎留学生回来，也允许留学生回去。"

邓小平听后说："这个好嘛！这要有点胆量。不是讲改革开放吗？开放嘛，进出就是要自由一点嘛。事实上，回来的，绝大多数都学有所用，只要安排妥当，绝大多数留学生回来后是不会出去的。"

游景玉后来回忆说：小平同志特别关心年轻人，他看到年轻人非常高兴。我就跟他说，我们这里有好多重点院校毕业的学生，他们都有很扎实的基础，来了后又接受了很严格的工程管理的训练，所以他们成才很快。小平同志讲，要记住，要夹着尾巴做人。我觉得他对我们科技人员不仅是技术上有要求，而且在品德方面也有要求……离开我们公司以前，他跟所有的年轻人合影，100多人站在一起跟他照相，他高兴得不得了，一个一个握手。他说要拉拉年轻人的手，边讲边拉，场面特别感人。临走时到外头要上车以前，他又停下来，回过头来使劲握着我的手，说你今后还会遇到很多困难，但是无论遇到什么困难，你一定一定要坚持下去。虽然我那时候不能想象今后会有多少困难，但是他语重心长的话成为我的动力。在后来的工作当中，确确实实遇到很多困难，但是每每遇到困难的时候，我只要想到小平同志交代我的话，我总是有力量坚持下来。

参观完亚洲仿真公司，邓小平一行来到拱北地区的芳园大厦，乘电梯上到29层的旋转餐厅，他一边观赏窗外的拱北新貌和澳门风光，一边听取谢非、梁广大的汇报，一边同他们交谈。

邓小平在珠海拱北芳园大厦旋转餐厅发表谈话

　　谢非说:"您提出的'一国两制'构想即将变为现实,广东处在第一线,广东的情况怎样,影响很大。我们会用自己的实践证明社会主义制度的优越性,但这有个过程。广东作为改革开放的前沿,十多年的建设使这里发生很大的变化,我们将坚定不移地沿着改革开放的道路走下去。"

　　邓小平说:"在这短短的十几年内,我们国家发展得这么快,使人民高兴,世界瞩目。这就足以证明三中全会以来路线、方针、政策的正确性,谁想变也变不了。说过去说过来,就是一句话,坚持这个路线、方针、政策不变。改革开放以来,我们立的章程并不少,而且是全方位的。经济、政治、科技、教育、文化、军事、外交等各个方面都有明确的方针和政策,而且有准确的表述语言。这次十三届八中全会开得好,肯定农村家庭联产承包责任制不变。一变就人心不安,人们就会说中央的政策变了。农村改革初期,安徽出了个'傻子瓜子'问题。当时许多人不舒服,说他赚了一百万,主张动他。我说不能动,一动人们就会说政策变了,得不偿失。像这一类的问题还有不少,如果处理不当,就很容易动摇我们的方针,影响改革的全局。城乡改革的基本政策,一定要长期保持稳定。当然,随着实践的发展,该完善的完善,该修补的修补,但总的要坚定不移。即使没有新的主意也可以,就是不要变,不要使人们感到政策变了。有了这一条,中国就大有希望。"

　　听了邓小平的这番话,梁广大深有感触地说:"试办特区前,珠海和澳门一水之隔,却差别很大。虽然我们的舆论整天宣传社会主义是'天堂',资本主义是'地狱',港澳同胞生活在水深火热之中,但是存在决定意识,老百姓看到在困难时期港澳同胞回来探亲穿得漂漂亮亮,还把一筐一筐的东西带回来,我们当时吃也没得吃,穿得也很寒酸,所以老百姓就不信。很多人趁刮风下雨的晚上,就往香港、澳门外逃,冒着生命危险冲过去,非要往'地狱'里闯一闯,非去'水深火热'中泡一泡。因此，有不少人外流到香港、澳门。生产队长一早起来吹开工哨才发现，队里六七十个强劳动力一夜之间全跑了。有个260多户人家的村子，除老人和孩子，全都跑空了。特区创办后，珠海人的生活一天比一天好起来，过上了小康水平的富裕日子，原来外流的珠海人也纷纷回来了。那个跑空了的村子，除队长一户感到无颜见江东父老没有回来外，其余260户人家都回珠海定居了。现在还有些澳门女子下嫁到珠海来定居。"

邓小平听后，很高兴地说："这很好嘛，说明社会主义能够战胜资本主义。"

时任珠海市委常委、市委宣传部部长的谢金雄激动地说："这些话太令人振奋了！都是我们想说的心里话。珠海特区从1984年以来所以有如此神速的发展，正说明老人家的论述无比正确。"

缓缓旋转的餐厅此时转到了与澳门相对的角度，老人家眺望着远处的澳门说道："我坚信，世界上赞成马克思主义的人会多起来的，因为马克思主义是科学。它运用历史唯物主义揭示了人类社会发展的规律。封建社会代替奴隶社会，资本主义代替封建主义，社会主义经历一个长过程发展后必然代替资本主义。这是社会历史发展不可逆转的总趋势，但道路是曲折的。资本主义代替封建主义的几百年间，发生过多少次王朝复辟？所以，从一定意义上说，某种暂时复辟也是难以完全避免的规律性现象。一些国家出现严重曲折，社会主义好像被削弱了，但人民经受锻炼，从中吸收教训，将促使社会主义向着更加健康的方向发展。因此，不要惊慌失措，不要认为马克思主义就消失了，没用了，失败了。哪有这回事！

"社会主义从总的方面来说，没有错，我们跟着这个路线走，中国永远不会倒，不仅不会倒，而且会沿着社会主义道路飞速发展。

"我们要在建设有中国特色的社会主义道路上继续前进。资本主义发展几百年了，我们干社会主义才多长时间！何况我们自己还耽误了二十年。如果从建国起，用一百年时间把我国建设成中等水平的发达国家，那就很了不起！从现在起到下世纪中叶，将是很要紧的时期，我们要埋头苦干。我们肩膀上的担子重，责任大啊！"

在旋转餐厅游览结束后，正当邓小平走进电梯准备下楼时，他的小女儿邓榕向他反映说："楼下有好多群众想见您！"

老人家立即高兴地说："我一定去看看他们。"片刻之后，当老人家走出芳园大厦，出现在数以千计的群众面前时，人们欢呼雀跃。闻讯前来的群众竟有 6 000 多人，其中大部分是珠海市民和来特区打工的人，也有来珠海游览观光的游客，还有许多从澳门来拱北购物的澳门同胞。大家虽然素不相识，却自发地一起维持秩序，又情不自禁地朝前拥着、挤着，想多看一看邓小平这位伟人的风采。

邓小平面带微笑，稳步向人群走去。顿时，掌声雷动。有人用普通话高呼："小平同志，您好！"

更多的群众用广东话喊道："邓伯伯，您好！""邓爷爷，您好！"老人家举起右手向四面八方的群众依次挥动，点头。他看到了这些用双手在荒滩上盖上一砖一瓦的特区人的风貌，也领略到了特区人的情感和特区人继续改革开放的信心。这一刻，领袖与人民群众心贴心、心连心。

掌声，欢呼声，如山呼海啸，此起彼伏。人们喊着，蹦着，后排人踮起脚尖或跳起来，唯恐错过这一千载难逢的机会。还有那些被挡在厚厚的人墙后面的人索性你抱我看一下，我抱你看一眼，只为了让自己爱戴的老人家的音容笑貌映入眼里，刻进心中！

离开芳园大厦后，邓小平乘车前往珠海度假村。在乘坐中巴车经过拱北的时候，邓小平指着一座旧建筑问是什么，陪同的人员告诉他是清朝海关遗址。望着残垣上斑驳的弹痕印记，一直谈笑风生的老人家神色一下子凝重起来，他很慢，几乎是一字一句地说："贫穷落后是要挨打的啊！"

　　1月27日上午10时15分，邓小平来到江海电子公司参观。邓小平下车后，首先与先行到达的当时的国家主席杨尚昆、全国政协副主席叶选平等握手致意。

　　在公司的职工俱乐部里，公司副总经理丁钦元向邓小平等首先汇报了江海公司的创业历程和发展现状。

邓小平参观江海电子公司并发表谈话

　　江海公司创建于1984年，是从几间旧仓库里开始起步的，先搞来料加工，继而自制设备，自选模具，生产出全自动自停录音机芯。因其性能优良，价格低廉，一经推向市场即广受欢迎。在不到8年时间里就全部收回投资，还创造了2 900多万元的税利，积累固定资产2 000多万元。依靠严格管理和科技研发，产品达到出口标准，80%以上的产品出口到多个国家和地区。1991年生产各型机芯1 000万套，总产值3.5亿元，实现税利1 233万元，创汇2 600万美元。在艰苦的条件下，公司培养出一支技术过硬的员工队伍。

邓小平十分认真地听丁钦元介绍情况，并带头鼓掌。然后他对丁钦元说："你讲得很好。特别是不满足现在的状况。要日日新，月月新，年年新，不断创造新的东西出来，才有竞争力。你们做的体现了高度的爱国主义，是对社会主义的贡献，感谢你们和全体职工。"

丁钦元说："我们就是按照您指引的有中国特色的社会主义来干的。"

邓小平说："不是有人议论姓'社'姓'资'的问题吗？你们就是姓'社'。"说着，他还回过头来对梁广大说："你们这里就是姓'社'嘛，你们这里是很好的社会主义！"

听完汇报后，邓小平在丁钦元的陪同下来到机芯总装车间和机械加工车间参观。他边走边认真听着丁钦元对每道工序的介绍。丁钦元告诉邓小平，车间里的工人绝大部分是"打工仔""打工妹"，但在江海公司里，他们享有和其他职工一样的平等权利。为了让他们不仅从政治上，而且在经济上意识到自己是企业的主人，公司每年从他们中间评出 10%—20% 的优秀员工，给予他们"荣誉股票"和"金牌职工"的奖励。

参观过程中，邓小平问丁钦元："你今年多大岁数了？"丁钦元答道："60 岁了。"老人家风趣地说："很年轻嘛。"一句话引得周围的人都大笑起来。

接着，邓小平告诉丁钦元："1984 年我来过珠海。"丁钦元说："那时还没有江海公司呢，但您那时写下的'珠海经济特区好'的题词使我们很受鼓舞。我们是在您视察半年后才来到珠海创业的。"

邓小平一行来到厂区，看到这里聚集着许多青年职工，他对身旁的丁钦元说："这么多年轻人。我很高兴和年轻人在一起。"说着，他走近职工们，向大家伸出手："我们拉拉手吧，拉拉手。"邓小平边和在场每一个职工握手，边深情地说："谢谢你们。"握着邓小平慈祥温暖的手，大家倍感亲切和兴奋，有些员工还激动得热泪盈眶。

在回住地的路上，邓小平对梁广大说："这个厂总体方向是正确的，方法也对。看得出来，他们是从艰苦条件下发展起来的。要发掘人才，你们做得对。要不断造就人才，一年 365 天，都要做这件事，只要有人才，就可以创造出技术，事业就兴旺。"

在车上，梁广大还向邓小平汇报了珠海的国营、集体、个体企业的发展情况。邓小平听后指出，个体的有限。分工越来越细，工艺越来越新，一家一户办不了，最终要走集体的道路。农民愿意怎样就怎样，不要搞运动，他们实际上会走向这个方向，最终集体也是社会主义。

这时坐在一旁的谢非插话说："家庭承包要稳定很长的时间，通过科技、流通服务来解决家庭生产社会化、现代化的问题，引导农民走社会主义道路。"

邓小平接着说："家庭是个好东西，都搞集体性质的会带来社会问题。如养老问题，现在老年人多了，光靠社会不行。可以让家庭消化。"他还说："中国文化从孔夫子就提倡赡养老人。孔夫子讲：修身、齐家、治国、平天下。社会上要讲修身、修养、持家，既修身又持家，就能治国、平天下。"

1 月 29 日下午，邓小平结束了在珠海的视察，就要离开了。下午 3 时，邓小平告别珠海，在省委书记谢非、省长朱森林的陪同下，乘汽车向广州方向驶去。

4 时许，顺德，以"容声冰箱"闻名遐迩的广东珠江冰箱厂内。

暖暖的阳光照耀着珠江冰箱厂技术办公大楼门前的红地毯，烘托出一派暖暖的氛围。

这时，一辆"中巴"悄然驶来，随即车上走下了身着杏色 T 恤便服、精神矍铄的客人——邓小平。

早已等候在那里的佛山市委书记叶谷、佛山市委副书记欧广源、顺德县委书记何敏和、顺德县长陈用志、副县长冯润胜以及珠江冰箱厂的有关负责人等迎上前去，热烈欢迎邓小平的到来。邓小平亲切地与他们一一握手，然后向欢迎的群众挥手致意。

在高大豪华的办公大楼前，邓小平问："这是什么类型的企业？"陪同的广东省负责人诙谐地说："如果按行政级别算，是个副班长级；如果按经济效益和规模，恐怕也是个兵团级了。"当听说这个花园式的工厂是一家乡镇企业时，邓小平感慨万千，连问 3 次："这是乡镇企业吗？"

该厂厂长说："是，我们是乡镇企业。"邓小平听后连连点头。

在人们的簇拥下，邓小平走进了珠江冰箱厂的一号会议室。这个会议室本来只安排了 9 张沙发，但大家都想看一看小平同志，和他老人家多待一会，结果来的人站满了一圈。

邓小平原定视察 15 分钟。一落座，坐在他右侧的珠江冰箱厂厂长潘宁就用简洁的语言向邓小平介绍珠江冰箱厂的历史、现状和未来：这家集体性质的乡镇企业，1983 年筹办，次年投产，7 年间产量增加了 16 倍，一跃成为全国冰箱行业的"大哥大"。

邓小平一边注意听，一边点头。坐在他对面的佛山市委副书记欧广源补充道："这家厂还是国家一级企业，荣获国家金质奖。邓伯伯，1984 年您来顺德我接待过您。"

邓小平打量着欧广源说："我们是老朋友了。你今年多大？"

"48 岁。"

"我大你 40 岁，我老了，以后中国要靠你们了。"

接着，邓小平又转过头来问潘宁："去年你们厂的出口产值多少？"

"接近 700 万美元。"

"出口有什么困难吗？"

"没有。"

邓小平不住地点头，对该厂的创业和发展给予充分肯定，他高兴地说："很好，干得不错，要继续努力。"他还高兴地说："一个国家，如果没有民族工业，没有自己的拳头产品，这个国家就没有希望。"他激动地说："我们国家一定要发展，不发展就会受人欺负，发展才是硬道理。"

随后，何敏和汇报了顺德近年来发展乡镇企业、经济迅速发展的情况。

邓小平说："顺德经济发展体现了改革开放的成果，所以，改革开放一定要坚持，而且还要胆大一点……"

当谈到 1989 年国家的治理整顿政策在顺德并没有引起多大震动时，邓小平话锋一转，不断地向在场的省市负责同志阐述他视察南方以来一直反复强调的观点：对办特区问题，从一开始就有不同意见，担心是不是搞资本主义，但实践证明，特区是姓"社"，不是姓"资"，乡镇企业也是姓"社"不姓"资"。

邓小平继续说："不要把国家治理整顿看作是制约、放慢改革开放，而要将治理整顿看作是国家为实现经济稳定、政治稳定、社会稳定，是为进一步改革开放创造条件。稳定与发展，发展才是硬道理。"

邓小平心情很好，很兴奋，谈兴愈来愈浓，他滔滔不绝地讲，忘记了时间。随行人员催促他，暗示他时间到了，但是他仍继续讲下去，时间延长了 20 分钟。在场的一位同志事后估计：潘宁讲了 3 分钟，何敏和讲了 2 分钟，其余时间都是邓小平在讲。

当邓小平走出一号会议室、步入大堂的时候，闻讯而来的员工们夹道欢送，掌声四起，表达了"容声人"对这位中国改革开放总设计师的尊敬和爱戴。

邓小平含笑不断挥手。他回头看看这座现代感强、气派宏大的建筑物，感兴趣地问：这幢楼是干什么用的？潘宁回答：是技术办公大楼。

邓小平和大家握手告别。"中巴"逐渐远去了，人们还站在那久久不愿离去。

下午 5 时 40 分，汽车到达广州东站。邓小平在站台上会见了广东省和广州市的负责人。省委负责人向邓小平表示，一定要加快改革开放的步伐，加快经济发展的速度，争取 20 年赶上亚洲"四小龙"。

再过几天就到春节了，大家都希望小平同志能留在广东过节。但是，邓小平还惦念着浦东的发展，又要踏上视察上海的旅程。

6 时整，火车开动了，广东省的负责人代表全省人民说出了他们的心里话：小平同志，欢迎您再来广东！

邓小平视察广东的情况，多年以后，谢非回忆道：

1992 年 1 月 9 号到 19 号，邓小平到广东来视察，我们当时听说小平同志要来，非常高兴，因为他八年没有来了。

当时广东省按照中办的要求，一路上省级领导就只有我一个人陪着。这件事情当时是比较保密的，范围不是扩得很大。他来广东第一站是深圳，是坐火车来的。原计划是要休息一下。但是在车上，我简单地向他汇报了一下，我说广东变化很大，有几个数字说了一下。结果到住地后他就说要出去看一看，不休息了。

他记性很好，对上一次来深圳住的地方还有印象。我当时跟小平同志说，请他多看一看，多了解情况，看看广东到底有什么变化。这样就从深圳开始参观，然后去珠海，经过中山和顺德，最后是广州，一路上都在看。小平同志看到广东的变化非常高兴，我们跟他谈了一些情况，更多的是他直接观察，直接看。他一边看一边谈，整个过程都在谈。

当时最使我感动的是我觉得他有很多话要讲，开始的时候，他身边的同志说到了，到岸了，就不讲了；其实还没有到岸，还有一段时间，他就又讲。

小平同志谈话不像老人，没有废话，思维非常敏捷，语言非常准确，而且深入浅出，非常精辟。他到珠海亚洲仿真有限公司参观时，谈到了科技的问题，以后这个问题就一直谈下去，到了珠海的一个高楼的酒店，还继续谈科技。他有感而发，说科技太重要了。而对于广东今后的发展，他是既鼓励又提出了新的要求，他特别提到，广东应该用 20 年的时间赶上四小龙，不但经济上要赶上它们，而且精神文明要超过它们。他一路上还说，我们现在有很多东西不要去变它，有的加以完善就可以了。他特别强调基本路线和基本政策不要变，因为这一些路线和政策是符合国情的，是能解决问题的。中国怎么样走社会主义的道路，对于中国和世界都意义深远。我们不仅要解决十几亿人口的吃饭问题，还要富裕起来，要逐步向中等发达国家和发达国家迈进，这样我们国家的政权就会巩固，我们的人民就会过好的生活。这对于世界也是一个贡献。

1 月 30 日，邓小平乘坐的专列沿浙赣线从湖南进入江西境内。下午 3 时 40 分，火车徐徐驶进鹰潭车站。当时的江西省委书记毛致用、省长吴官正在这里迎候。

邓小平走下火车，满面笑容地同毛致用、吴官正等一一握手。

他一边沿着月台缓步而行，一边和毛致用、吴官正谈话。

毛致用在湖南工作期间曾先后两次接待过赴湘视察的邓小平，并陪同他至韶山等地参观，所以，邓小平同他很熟悉。

邓小平一见到毛致用就关心地问："你来江西几年了？"

毛致用说："快 4 年了。"

对吴官正，邓小平也熟悉，他问吴官正："你是从武汉来的，来几年了？"

吴官正答："5 年多了。"

江西是农业大省，邓小平十分关注江西的农业发展。他问："江西去年的年景怎么样？"

毛致用说:"年景还好。1991 年农业全面丰收,农业总产值比上年增长 5.5%,工业总产值增长 14%,财政收入增长 10.3%,实现收支平衡。农民人均纯收入达 702 元。改革的步子是这些年来迈得最大的一年。"

邓小平听了很满意,连声赞许说:"那好。"他对农民增收感到欣慰,说:"农民收入 702 元,那不简单。"

接着,邓小平又关切地问:"去年遭灾了没有?"

毛致用回答说:"遭受到比较严重的旱灾,但农民积极性高,所以仍是一个丰收年。"

吴官正说:"现在的问题是粮食压库严重,库存有 140 亿斤,其中在库外露天堆放的有 40 亿斤。"

邓小平说:"在粮食问题上,江西是作了贡献的。你们有困难可以向中央反映,你们有这个权利。对江西,中央要照顾一点。"

邓小平在这里提出这个问题是有原因的。革命年代,江西对中国革命作出过重要贡献。建设时期,特别是在三年困难时期,江西人民节衣缩食,艰苦奋斗,调出大批粮食支持全国。1958 年到 1959 年外调了 9.5 亿斤大米,1959 年至 1960 年又调出 14 亿斤大米,同时还补上库存 1.18 亿斤,是当时全国仅有的 2 个增加库存的省份之一,多次受到毛主席、周总理和其他党和国家领导人的表扬。这次邓小平又旧事重提,说明党对作出了贡献的地区和人民是不会忘记的。

邓小平对解决江西粮食压库问题的关心和支持,使在场的省委、省政府负责人深受鼓舞。

邓小平对江西的情况很了解,他说,水旱灾害一个很重要的原因是水土保持不好。要坚持把植树造林搞好,否则没希望。他问:"你们植树造林怎么样?"

吴官正说:"这几年我们每年造林 600 万亩左右,森林覆盖率达到 40.3%。"

邓小平听了连连点头，说："那好。"

虽经长途乘车劳顿，邓小平却毫无倦意。他兴致勃勃地听取了毛致用关于江西在治理整顿期间坚持深化改革、扩大开放的情况汇报，高兴地说："治理整顿这几年，改革开放做了不少事。"他还说："没有改革开放，治理整顿就不会有这么顺利。"

邓小平思路清晰，谈兴甚浓。他说改革从农村起步，刚开始时有些同志想不通，存有疑虑，有的人还害怕是资本主义。但我们，既不给他们戴帽子，也不搞批判，做出成绩让他们看。后来认识逐步统一了，几年就都执行了。1984 年以来的几年，经济上得快，是一个跳跃。农民收入多了，电器也进了农户，农村盖了许多新房。要看到这个作用，没有这个跳跃，治理整顿不会这么顺利。

邓小平语重心长地强调，他赞成稳定发展。但是，只要能快一点还是要争取快一点。胆子要更大一点，放得更开一点。不能胆子没有了，雄心壮志也没有了。有机遇能跳还是要跳。

这时，站在一旁的邓楠插话说："这个观点，老人家鼓吹了一路。"

邓小平接过邓楠的话，问毛致用、吴官正："我讲得对不对？"

毛致用说："您讲的非常重要，我们一定要搞快一点。"

邓楠又说："老人家对江西很有感情，在车上不停地讲到江西。"

邓楠的话引起了邓小平对昔日苏区生活的回忆。他深情地说："我对江西是有感情的。"接着提到了他在江西待的时间比毛致用、吴官正长。当初，他在瑞金当过县委书记，那是几个人推举的，后来中央认可了。那时苏区的工作，兴国是第一，瑞金是第二。

沧桑几十载，弹指一挥间。1992 年，距邓小平离开中央苏区已经有了半个多世纪，然而，在邓小平的记忆中，当年苏区的斗争风云依然历历在目，苏区的干部、群众和一草一木都牵动着他的心。

是的，邓小平对江西很有感情，这一点，江西人民有深刻的感受。1991 年 9 月，是中央革命根据地创建和中华苏维埃共和国临时中央政府成立六十周年。邓小平应江西省委、省政府邀请，欣然命笔，书写了"纪念中央革命根据地创建六十周年"的题词，缅怀中国革命的光辉历史，对江西人民寄予厚望。

鹰潭是江西东部一个新兴的城市，这是中华人民共和国成立后邓小平第三次来到这里了：1973 年 2 月 19 日，邓小平赴京复出工作，就是从南昌乘车来到鹰潭，次日转乘福州至北京的特快列车离开江西到北京的。1985 年 2 月 14 日，邓小平同王震乘火车去广州视察，途中曾在鹰潭车站停留。如今的鹰潭市，已成为全国重要的铜业生产基地和铁路交通枢纽，赣东大市场开始形成。新建的火车站宽敞明亮，面貌大为改观。站外的街道拓宽了，两旁盖起了一座座高楼大厦。望着站内站外的巨大变化，邓楠对父亲说："您记得吧，我们以前也到过鹰潭，是从南昌用小车送来的，从鹰潭乘火车回北京。"她说的就是1973 年 2 月 19 日。

邓小平接过邓楠的话，风趣地说："我有'三个专'。从北京到江西是用"专机"送来的；从鹰潭到北京是挂了一节车厢，"专车"送去的；在 301 医院住院，一个人住一层楼，也是一个'专'。"邓小平谈笑间把自己在政治上曾经遭受过的磨难一带而过，他的这种情绪也感染了周围的人，气氛轻松活泼，引得在场的人都发出了会心的微笑。

就这样，邓小平在鹰潭火车站边踱步边交谈，一晃半个多小时就过去了。邓小平没喝一口水，也没有坐下休息，在月台上时而信步，时而驻足，与毛致用、吴官正侃侃而谈。

就要上火车了，毛致用、吴官正依依不舍地对邓小平说："我们大家都希望您老人家在江西住段时间。"

邓小平挥手向他们打着招呼，满面笑容地说："等你们更发展了，再来麻烦你们。"

随后，他和毛致用、吴官正握手告别。

列车一声长笛，驶出了鹰潭站，向上海方向疾驰而去。

1 月 31 日，邓小平到达上海。

上海之行，是邓小平视察南方的最后一站。

这时已是农历的腊月，到处是一派节日的景象。邓小平要在这里同上海人民一同欢度新春佳节。

2 月 3 日晚，农历除夕之夜，邓小平满面春风地出现在上海各界人士齐聚的迎猴年新春晚会上，向大家致意，向上海人民问好。

这年的春节连续三天晴好，2 月 7 日这天突然转阴，天气特别阴冷。邓小平不顾天气寒冷，仍然到他特别关注的浦东考察。

这天，邓小平一行先到南浦大桥，高兴地让在场的记者拍了一张全家福，接着就来到南浦大桥工地。在模型前，邓小平听取了大桥建设总指挥朱志豪的介绍后，转身想看一下建设中的杨浦大桥雄姿时，发现百米高处有正在施工的工人，于是扬起手向桥塔上的工人致意。这时，在场的工人和百米桥塔上的工人一齐报以热烈的掌声。

2 月 8 日，邓小平在当时上海市委负责人黄菊、吴邦国的陪同下，夜游黄浦江。在饱览黄浦江两岸璀璨景色的同时，他专门就选拔、培养、使用年轻干部的问题发表了重要意见。他说干部培养体制上要后继有人，各个梯次上都要有。要解放思想，这是解放思想最重要的一个方面，胆子要大一点，人无完人。他语重心长地对在座的几位市委老同志说："年轻一点的同志有这样那样的缺点，老的就没有吗？老的也是那样走过来的。要从基层搞起，就后继有人。"

2 月 10 日，晴空万里，阳光和煦。邓小平、杨尚昆一行来到位于漕河泾开发区的中外合资上海贝岭微电子制造有限公司视察。

上午 9 时许，两辆大客车徐徐进入贝岭公司大门，驶向公司的主厂房——硅片制造部。车门打开，邓小平神采奕奕地出现在早已等候在厂门口的干部职工面前。

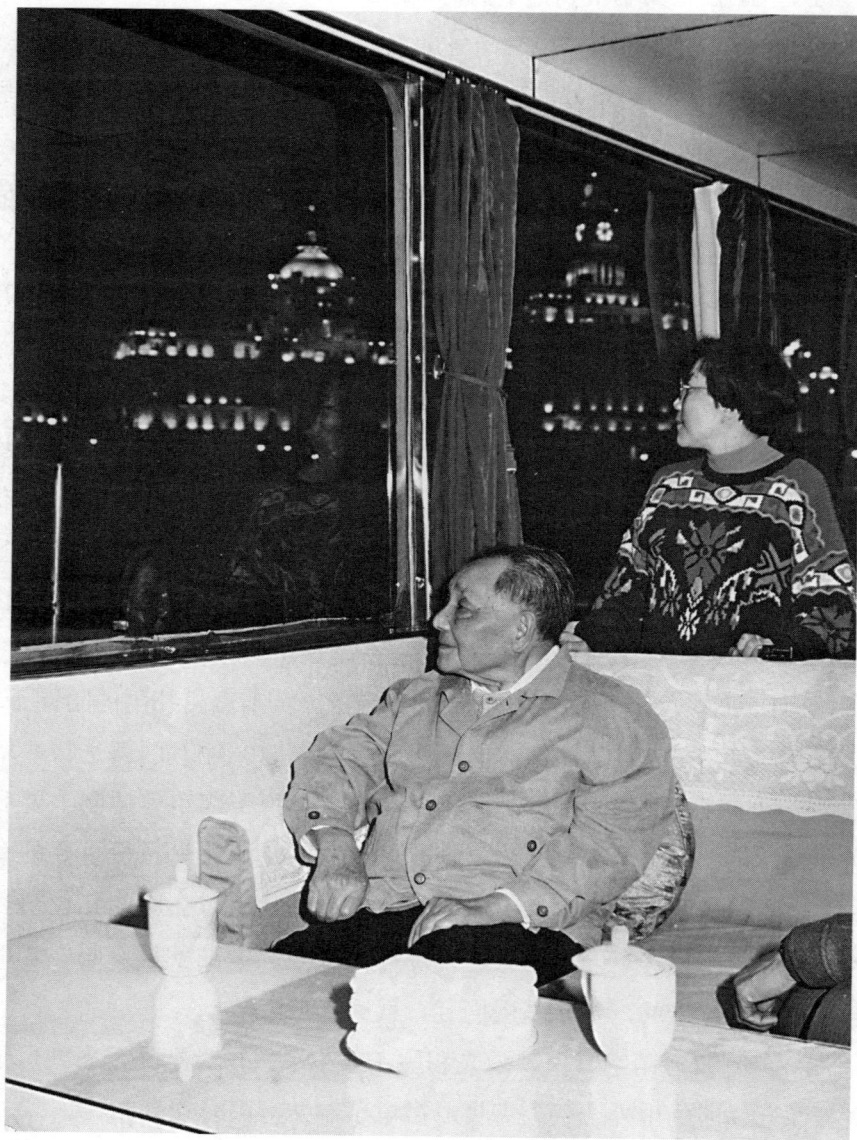

1992 年 2 月 8 日，邓小平乘船游览浦江

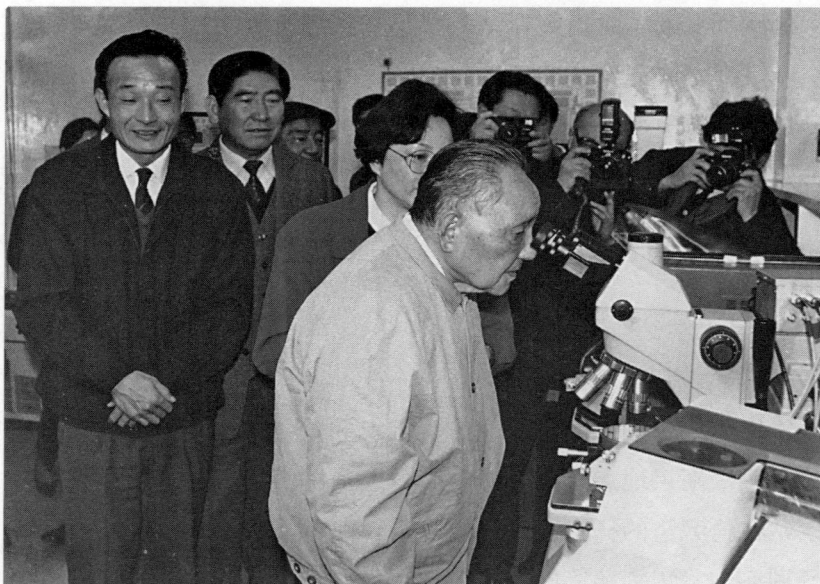

1992 年 2 月 10 日，邓小平视察上海贝岭微电子制造有限公司

　　在听取了公司情况的介绍之后，邓小平饶有兴趣地开始视察生产线情况。当他看到一台首次引进到国内的 IC 生产关键设备——大束流离子注入机时，对这台高科技的设备表现出了浓厚的兴趣。他边听边问："它们姓'资'还是姓'社'？"片刻，他意味深长地说，它们姓"社"，资本主义国家的设备、技术、管理引进为我们所有就是姓"社"。只有搞好开放引进，使我们国家经济技术尽快赶上世界水平，才不至于落后挨打。

　　紧接着，邓小平分析了苏联这个原来经济技术较发达的国家，由于闭关自守而导致落后最终解体的例子。他还对为提高上海贝尔的程控交换机国产化率而配上大规模集成电路和相关部件生产技术给予了充分肯定。

　　按原计划，邓小平视察后与公司、仪表局负责人合个影就该上车走了。但临上车时，邓小平看到大楼前聚集了很多年轻技术人员，就主动走过去向他们鼓掌示意，并和前排的人一一握手。

测试部女大学生周剑锋见到邓小平就热情问候:"邓爷爷好!"

质量部女研究生华剑萍怀着崇敬的心情说:"您在我们年轻人心目中是最德高望重的。"邓小平微笑道:"这不好说吧!有一点贡献,做了一点事,很多事情没有做,来不及做,也做不完。"

杨尚昆问大家:"你们是什么学校毕业的?"

"华东师大。"

"复旦大学。"

"外语学院。"

年轻人一一做了回答。这时,有人插话介绍:"他们都是大学生!"

邓小平高兴地点点头,语重心长地说:"21 世纪靠你们年轻人。"

站在他旁边的杨尚昆大声重复道:"21 世纪靠你们了。"

荆亦仁、华剑萍等同声回答:"请放心,我们年轻人会把中国建设好的。"

12 日上午,又是一个风和日丽的艳阳天。邓小平一行驱车来到闵行开发区,听取了闵联公司总经理鲁又鸣介绍开发区的发展情况,视察了闵行开发区的建设情况。

随后,邓小平来到马桥镇旗忠村。旗忠村从 1989 年起开始实施社会主义新农村的规划,到 1992 年时,其经济实力、农民新村的建设等方面已位居全市郊县的前列。

车队驶进旗忠村时,首先映入邓小平眼帘的是绿树掩映下的一排排别墅式农民新村。他问马桥镇党委书记王顺龙:"你们发展这么快,靠什么?"王顺龙回答:"靠你老人家改革开放的好政策。"邓小平又问了一句:"是这样吗?"听到肯定的回答,邓小平舒心地笑了。

当车队在旗忠村小学门口停下时,旗忠村的小学生们吹起了鼓乐,跳起了迎宾舞。看着这些正值花季年龄的孩子们,邓小平格外高兴。当他在孩子们面前站定时,脸上泛出红光,连眉毛都挑了上去。

1992年2月12日，邓小平视察上海闵行开发区，在马桥镇旗忠村亲吻小朋友

这时，一个大约3岁的小孩摇摇摆摆地走了过来，不知是谁说了声"过来让爷爷亲一亲"，陪同的吴邦国抱过孩子，邓小平亲切地上前吻了吻孩子。离开操场返回时，邓小平两次停下来回头向在场的旗忠村村民招手，依依不舍。

2月18日是元宵节，谁也没想到，邓小平会在这天晚上出现在人流如织的南京路上的中百一店。

这天晚上8时不到，邓小平来这里逛商场，并在文具柜台接受马桂宁的服务，为他的小孙子购买了铅笔和橡皮。

逛商场是邓小平一到上海就提出的要求。据他身边的人介绍，自十一届三中全会以来，邓小平一直有进一次商店、当一回顾客的愿望。这天他终于遂了13年的夙愿，所以很激动，步履也显得特别轻盈。他对商场里的顾客、营业员频频招手，笑容始终挂在脸上。

顾客知道邓小平来了，都想一睹伟人风采，所以显得比较拥挤。有一位30岁左右的妇女抱了一个约2岁的孩子拼命往邓小平身边挤，

邓小平在上海市中百一店买东西花了 10 元钱，开心地笑了

警卫人员把她挡出去，她刚退出去又往前挤，如此三进三出。中央警卫局孙勇局长被这位妇女锲而不舍的精神感动了，破例网开一面把这位妇女让进了 2 米圈内。这位妇女激动得不知该说什么好，只是抓起孩子的小手拼命向邓小平招手，用这质朴的动作来表达一位普通市民对自己所热爱的领袖的真诚感情。倒是邓小平见状，紧走两步，凑上去吻了吻孩子的脸。

邓小平准备离开中百一店时，南京路六合路口已站满了市民，当邓小平走出店堂时，市民们热烈地鼓掌欢迎。这时，邓小平的心情也很激动，他一边招手一边快步迈下台阶，并对扶着他的警卫说："让我朝前走几步。"但警卫出于对邓小平身体和安全的考虑，把他劝上了车，上车后，邓小平从开着的车窗向人群挥手告别。

2 月 20 日下午 3 时，邓小平从上海返回北京途中，在南京火车站停留。

听说邓小平要来，当时江苏省委、省政府的负责人沈达人、陈焕友等来到火车站迎候。

当邓小平走下火车时，沈达人、陈焕友立即迎上前去，向小平同志问候，并向小平同志拜了晚年。邓小平笑着点头，高兴地和大家握手说："年已经过喽！"

沈达人、陈焕友请邓小平到休息室坐坐，他说："不坐了，我们一边散步，一边交谈吧。"

沈达人、陈焕友说："看到您在上海、深圳的重要指示，提出要加快改革开放，我们很高兴。"

邓小平问："你们听到哪些感到高兴？"

沈达人、陈焕友回答说："加大改革力度，扩大对外开放，集中精力搞经济建设，重视科技……"

邓小平说："要抓住时机，搞得快一点，把经济搞上去，步子可以快一点。"

接着沈达人、陈焕友简要汇报了1991年江苏经济方面的情况。当听到江苏1991年在遭受特大洪涝灾害的情况下国民生产总值增长了6.3%、增幅高于全国平均数时，邓小平说："江苏条件比较好，应该发展得比全国平均速度快一些。如果江苏和其他发展比较好的地方不比全国平均数高一点，那全国和其他地方就更不行了。"

当沈达人汇报"科技兴省"的情况和灾后生产恢复较快、社会稳定、经济稳定时，邓小平说："好嘛！"

当沈达人、陈焕友汇报1991年全省三资企业办了1 000多家时，邓小平说："是嘛，外向型经济没有坏处。"说到这里，他加重语气说："我就怕丧失时机。要抓住现在的时机，搞得快一点。"

在交谈中，邓小平问："现在还有没有人怕政策变？"

沈达人、陈焕友回答说："有一段时间，部分同志，主要是农民怕政策变，经过宣传解释，现在都消除了顾虑，感到不会变。"

邓小平听后强调说："不能变，政策变不得。"

1992 年 2 月 20 日，邓小平乘坐的专列途经江苏南京车站，他同中共江苏省委负责同志讲话

在接见结束时，沈达人、陈焕友对邓小平说："看到您身体很好，我们大家都非常高兴。"

邓小平说："在深圳、上海，一路上住得好、吃得好、休息得好，心情舒畅，看来还可以多活几年。"

沈达人、陈焕友说："欢迎您明年到江苏来过年。"

邓小平高兴地说："再说吧！这几年苏州、无锡没去过，那里的菜好。"一句话，说得大家都笑了起来。

沈达人、陈焕友再一次诚恳地说："欢迎小平同志来！"

3点25分，列车开动了。

邓小平站在窗口，亲切地向大家挥手告别。

2个多小时后，5时55分，专列驶入安徽蚌埠市火车站。

身穿雪花呢大衣、系咖啡色围巾的邓小平，缓步走下车厢。

对于安徽，邓小平有着较深的了解。战争年代，他曾指挥千军万马在这片淮海大地上英勇奋战过。改革年代，他领导的农村改革的突破口就是从这里打开的。在这次视察南方的谈话中，他多次提到了安徽的农村改革。

在和前来迎候的蚌埠市负责人一一握手后，邓小平一边同他们沿月台散步，一边询问道："去年你们这里受了大灾（即1991年华东大水灾），至今还能看到一些受过水灾的痕迹，现在恢复得怎么样了？"一旁的蚌埠市委书记徐景仁、市长诸宗智、市委副书记胡德新等回答说，在党中央、国务院关怀下，灾区正在迅速恢复生机，特别是通过抗洪救灾，党群、干群、军民关系有了改善，人民群众由衷地说，还是社会主义好。

邓小平说："这就是坏事变好事嘛。"

当听到蚌埠在十一届三中全会后，生产力水平得到很大发展、提前实现翻一番目标、人民生活水平明显提高时，邓小平很高兴，频频点头。

徐景仁说:"这些成就是在您设计的改革方针指引下取得的,人民群众衷心地祝愿您健康长寿。"

邓小平笑笑说:"都是靠大家干出来的,是老一辈革命家集体的功劳。"

邓小平问:"蚌埠是什么时候解放的?"

蚌埠的负责人回答:"1949 年 1 月 20 日,淮海战役的胜利,带来了蚌埠的解放。蚌埠人民时刻铭记先辈们的光辉业绩。"

谈到淮海战役,邓小平感慨地说:"当时仗打得很艰苦,我们的武器装备很差,淮海战役的胜利,一靠毛主席指挥正确,二靠勇敢。"

这时,一旁的邓林说:"讲淮海战役,他(指邓小平)比谁都清楚。"

6 时 13 分,列车启动了,邓小平拉开车窗窗帘,再一次眺望他曾战斗过的大地,向送行的人们挥手告别。

第五章　春回大地

1992 年 2 月 21 日，邓小平回到了北京。

邓小平视察南方的消息最早是由港澳的媒体报道出来的。从邓小平到深圳到他离开广州，香港的电视、广播、报纸几乎每天都聚焦在邓小平视察的各种活动上，并以大量篇幅进行报道："邓小平重提在大陆造香港，发展经济不强调意识形态""邓小平昨游民俗村，身体健康向游客挥手致意""邓小平杨尚昆在深圳，参观植物园动手植树""邓小平结束深圳行，称特区之路走对了""邓小平鼓励大胆改革，在深圳逗留期间呼吁要搞快一点""邓小平珠海行踪极度保密，记者兵分四路实行大包围""邓小平昨视察珠海，参观生化制药厂拱北市容""邓小平视察拱北，对港澳事很关心""邓小平强调搞经济广东要起龙头作用，称不管国际形势如何变化坚持稳定压倒一切""邓小平畅怀改革，希望广东起个好作用""邓公此番有大动作""邓小平南行，中国改革开放将起新高潮""邓小平改革开放护航""邓旋风刺激中港贸易"……

港澳媒体关于邓小平视察南方的报道，传到深圳、珠海、广州等地，又很快传到内地各省市区，并迅速在整个中国大地上流传。1月 30 日，《珠海特区报》刊登了邓小平视察珠海的消息、通讯，第一次在大陆公开了邓小平的视察行踪。

2 月 4 日，上海《解放日报》发表了题为《十一届三中全会以来的路线要讲一百年——壬申元日感怀》的评论，向人们披露了邓小平南方谈话的核心要点。2 月 5 日，当中央电视台的新闻联播节目播出 2 月 4 日邓小平和上海市党政军负责人共度除夕之夜的电视节目后，人们都知道邓小平视察南方，并发表南方谈话了。随后，《文汇报》于 2 月 8 日、11 日、13 日、22 日连续发表评论员文章，论述"坚定不移地贯彻党的基本路线"的正确性、必要性。

《深圳特区报》从 2 月 20 日至 3 月 6 日连续发表了《抓住中心不放》《要搞快一点》《要敢闯》《多干实事》《两只手都要硬》《共产党能消灭腐败》《稳定是个大前提》《我们只能走社会主义道路》等 8 篇评论，披露和阐述了邓小平南方谈话的主要精神。《深圳商报》围绕邓小平关于深圳的主要经验是敢闯的论点，发表了"八论敢闯"的评论。

通过各种渠道获知邓小平南方谈话精神的首都各大报，也纷纷加入宣传谈话精神的行列。《人民日报》于 2 月 22 日发表了《更好地坚持以经济建设为中心》，24 日发表了《改革的胆子再大一点》和《对外开放和利用资本主义》。《经济日报》在 2 月 25 日发表了《加快改革开放与发展的步伐》，3 月 16 日发表了《说"快"》的评论文章。而《工人日报》《农民日报》《科技日报》《经济参考报》等也纷纷发表各自的评论文章，宣传加速改革开放的必要性。

与此同时，其他省、市、自治区的机关报也不甘人后，纷纷加入这场学习宣传邓小平南方谈话精神，为加快改革开放鼓劲加油的宣传热潮。《福建日报》发表社论《认真学习，大胆实践》，《广西日报》发表评论员文章《关键在于更新观念》，《辽宁日报》发表社论《要进一步解放思想》，《湖北日报》发表《要有良好的精神状态》，《内蒙古日报》发表评论员文章《改革要敢闯敢干敢试验》，《山西日报》发表评论员文章《抓住机遇，发展自己》，《陕西日报》发表社论《改革开放，富民富省》，《吉林日报》发表社论《抓住机遇闯大潮》，江苏

《新华日报》发表社论《抓住时机，加快发展》，广东《南方日报》发表评论员文章《关键是落实》等等，一时间，奏响了讴歌动员改革开放的雄壮"交响曲"。

邓小平回到北京一个星期后，2月28日，中共中央将邓小平1月18日至2月21日在武昌、深圳、珠海、上海等地视察期间的谈话要点作为中央1992年第2号文件下发，要求尽快逐级传达到全体党员和干部。南方谈话要点包括六个部分：（一）革命是解放生产力，改革也是解放生产力。社会主义基本制度确立以后，还要从根本上改变束缚生产力发展的经济体制，建立起充满生机和活力的社会主义经济体制，促进生产力的发展，这是改革，所以改革也是解放生产力。过去，只讲在社会主义条件下发展生产力，没有讲还要通过改革解放生产力，不完全。应该把解放生产力和发展生产力两个讲全了。要坚持党的十一届三中全会以来的路线、方针、政策，关键是坚持"一个中心、两个基本点"。不坚持社会主义，不改革开放，不发展经济，不改善人民生活，只能是死路一条。基本路线要管一百年，动摇不得。改革开放以来，我们立的章程并不少，而且是全方位的。经济、政治、科技、教育、文化、军事、外交等各个方面都有明确的方针和政策，而且有准确的表述语言。这次十三届八中全会开得好，肯定农村家庭联产承包责任制不变。一变就人心不安，人们就会说中央的政策变了。农村改革初期，安徽出了个"傻子瓜子"问题。当时许多人不舒服，说他赚了一百万，主张动他。我说不能动，一动人们就会说政策变了，得不偿失。像这一类的问题还有不少，如果处理不当，就很容易动摇我们的方针，影响改革的全局。城乡改革的基本政策，一定要长期保持稳定。当然，随着实践的发展，该完善的完善，该修补的修补，但总的要坚定不移。即使没有新的主意也可以，就是不要变，不要使人们感到政策变了。有了这一条，中国就大有希望。（二）改革开放胆子要大一些，敢于试验。看准了的，就大胆地试，大胆地闯。没有一点闯的精神，没有一点"冒"的精神，就干不出新的事业。恐怕再有 30 年的时间，我们才会在各个方面形成一整套更加成熟、更加定型的制度。改革开放迈不开步子，不敢闯，说来说去就是怕资本主义的东西多了，走了资本主义道路。要害是姓"资"还是姓"社"的问题。判断的标准，应该主要看是否有利于发展社会主义社会的生产力，是否有利于增强社会主义国家的综合国力，是否有利于提高人民的生活水平。特区姓"社"不姓"资"。多搞点"三资"企业，不要怕。只要我们头脑清醒，就不怕。"三资"企业受到我国整个政治、经济条件的制约，是社会主义经济的有益补充，归根到底是有利于社会主义的。计划多一点还是市场多一点，不是社会主义与资本主义的本质区别。计划经济不等于社会主义，资本主义也有计划；市场经济不等于资本主义，社会主义也有市场。计划和市场都是经济手段。社会主义的本质，是解放生产力，发展生产力，消灭剥削，消除两极分化，最终达到共同富裕。就是要对大家讲这个道理。证券、股市，这些东西究竟好不好，有没有危险，是不是资本主义独有的东西，社会主义能不能用？允许看，但要坚决地试。看对了，搞一两年对了，放开；错了，纠正，关了就是了。关，也可以快关，也可以慢关，也可以留一点尾巴。怕什么，坚持这种态度就不要紧，就不会犯大错误。总之，社会主义要赢得与资本主义相比较的优势，就必须大胆吸收和借鉴人类社会创造的一切文明成果，吸收和借鉴当今世界各国包括资本主义发达国家的一切反映现代社会化生产规律的先进经营方式、管理方法。走社会主义道路，就是要逐步实现共同富裕。如果富的愈来愈富，穷的愈来愈穷，两极分化就会产生，而社会主义制度就应该而且能够避免两极分化。解决的办法之一，就是先富起来的地区多交点利税，支持贫困地区的发展。可以设想，在本世纪末达到小康水平的时候，就要突出地提出和解决这个问题。就全国范围来说，我们一定能够逐步顺利解决沿海同内地贫富差距的问题。对改革开放，一开始就有不同意见，这是正常的。不搞争论，是我的一个发明。不争论，是为了争取时间干。右可以葬送社会主义，"左"也可以葬送社会主义。中国要警惕右，但主要是防止"左"。（三）抓住时机，发展自己，关键是发展经济。能发展就不要阻挡，有条件的地方要尽可能搞快点，只要是讲效益，讲质量，搞外向型经济，就没有什么可以担心的。低速度就等于停步，甚至等于后退。要抓住机会，现在就是好机会。我就担心丧失机会。我国的经济发展，总要力争隔几年上一个台阶。当然，不是鼓励不切实际的高速度，还是要扎扎实实，讲求效益，稳步协调地发展。看起来我们的发展，总是要在某一个阶段，抓住时机，加速搞几年，发现问题及时加以治理，尔后继续前进。要注意经济稳定、协调地发展，但稳定和协调也是相对的，不是绝对的。发展才是硬道理。在今后的现代化建设长过程中，出现若干个发展速度比较快、效益比较好的阶段，是必要的，也是能够办到的。经济发展得快一点，必须依靠科技和教育。我说科学技术是第一生产力。要提倡科学，靠科学才有希望。高科技领域，中国也要在世界占有一席之地。搞科技，越高越好，越新越好。（四）要坚持两手抓，一手抓改革开放，一手抓打击各种犯罪活动。这两只手都要硬。广东20年赶上亚洲"四小龙"，不仅经济要上去，社会秩序、社会风气也要搞好，两个文明建设都要超过他们，这才是有中国特色的社会主义。在整个改革开放过程中都要反对腐败。对干部和共产党员来说，廉政建设要作为大事来抓。还是要靠法制，搞法制靠得住些。在整个改革开放的过程中，必须始终注意坚持四项基本原则。依靠无产阶级专政保卫社会主义制度，这是马克思主义的一个基本观点。我们搞社会主义才几十年，还处在初级阶段。巩固和发展社会主义制度，还需要一个很长的历史阶段，需要我们几代人、十几代人，甚至几十代人坚持不懈地努力奋斗，决不能掉以轻心。（五）正确的政治路线要靠正确的组织路线来保证。中国的事情能不能办好，社会主义和改革开放能不能坚持，经济能不能快一点发展起来，国家能不能长治久安，从一定意义上说，关键在人。帝国主义搞和平演变，把希望寄托在我们以后的几代人身上。所以，要把我们的军队教育好，把我们的专政机构教育好，把共产党员教育好，把人民和青年教育好。中国要出问题，还是出在共产党内部。要注意培养人，要按照"革命化、年轻化、知识化、专业化"的标准，选拔德才兼备的人进班子。我们说党的基本路线要管一百年，要长治久安，就要靠这一条。真正关系到大局的是这个事。学马列要精，要管用的。实事求是是马克思主义的精髓。要提倡这个，不要提倡本本。我们讲了一辈子马克思主义，其实马克思主义并不玄奥。马克思主义是很朴实的东西，很朴实的道理。（六）我坚信，世界上赞成马克思主义的人会多起来的，因为马克思主义是科学。它运用历史唯物主义揭示了人类社会发展的规律。封建社会代替奴隶社会，资本主义代替封建主义，社会主义经历一个长过程发展后必然代替资本主义。这是社会历史发展不可逆转的总趋势；但道路是曲折的。一些国家出现严重曲折，社会主义好像被削弱了，但人民经受锻炼，从中吸收教训，将促使社会主义向着更加健康的方向发展。我们要在建设有中国特色的社会主义道路上继续前进。如果从建国起，用 100 年时间把我国建设成中等水平的发达国家，那就很了不起！从现在起到下世纪中叶，将是很要紧的时期，我们要埋头苦干。我们肩膀上的担子重，责任大啊！

3 月 9 日至 10 日，江泽民主持召开中共中央政治局全体会议。会议认为邓小平南方谈话对当前的改革和建设、对开好党的十四大都具有十分重要的指导作用，而且对整个社会主义现代化建设事业具有重大而深远的意义。会议根据邓小平南方谈话精神，讨论了我国改革开放和发展的若干重大问题，会议强调：当前要特别注意抓住改革和建设中牵动全局的重大问题，深入调查研究，确定今后一个时期的战略思想和政策主张，并认真组织实施。会议就此作了研究和部署。会议要求，全党要认真学习邓小平关于建设有中国特色社会主义的一系列重要论述，进一步提高全面贯彻执行党的基本路线的自觉性。

3 月 11 日，新华社播发了中央政治局学习的消息，概述了邓小平南方谈话的主要观点。3 月 26 日，《深圳特区报》刊发了陈锡添的长篇通讯《东方风来满眼春——邓小平同志在深圳纪实》，很快，全国各大报在头版头条转发。3 月 31 日，《人民日报》也作了转载。4 月 17 日，《南方日报》又发表了朱涛的长篇通讯《南海春潮——记邓小平同志在珠海》，详细地介绍了邓小平 1 月 23 日至 29 日视察珠海时发表重要谈话的经过。

当时已从黑龙江穆棱县文联主席岗位上退下来的蒋开儒从《人民日报》上看到了长篇通讯《东方风来满眼春》，觉得很奇怪，1979 年他去过深圳，那里到处是一片水田，为什么 13 年后邓小平在深圳说的一番话会引起全国这么大的动静？他决定去深圳看一看。5 月 13 日，他一到深圳，就感到特别震撼，原来的一片水田"长"出了一片摩天高楼，他感觉这真是一个奇迹。顿时产生了创作冲动，下决心要留下来，为带来春天的这位老人写一首歌。

"1992 年，又是一个春天，有一位老人在中国的南海边写下诗篇……"

由蒋开儒作词、王佑贵作曲的这首《春天的故事》在中国的大地上唱开了。伴随着这首《春天的故事》，中国的改革开放扬起了新的风帆。

3 月 9 日，国务院审议批准海南省吸收外资开发洋浦经济开发区。

3 月 10 日，上海市宣布拿到了中央支持浦东开发开放的 5 类项目审批权和 5 个资金筹措权。

同月，国务院宣布东北的黑河、绥芬河、珲春、满洲里 4 个边境城市开放，随后宣布芜湖、九江、岳阳、武汉、重庆等 5 个长江沿岸中心城市开放；哈尔滨、长春、呼和浩特、石家庄等 4 个边境、沿海地区省会（首府）城市，太原、合肥、南昌、郑州、长沙、成都、贵阳、西安、兰州、西宁、银川等 11 个内陆地区省会（首府）城市，实行沿海开放城市的政策，开放范围扩展到内地所有省会城市。对外开放由沿海向内陆腹地及沿江、沿边地区推进，全方位展开。至此，中国实现了全国范围的开放，全方位对外开放的新格局初步形成。

4 月 3 日，七届全国人大五次会议审议通过了一项历经 40 多年论证的议案——兴建长江三峡工程。

从 1919 年孙中山在《建国方略》中提出三峡"闸堰"，到中华人民共和国成立后，毛泽东描绘出"截断巫山云雨，高峡出平湖"的宏伟蓝图，再到新时期邓小平提出把三峡作为留给子孙后代的大项目，兴建三峡工程是几代中国人的愿望。

跨越了 70 多年的时空，中国综合国力增强，科学技术水平今非昔比。在抓住机遇，加快发展成为时代主题的时候，兴建三峡工程适得其时，几代中国人的期盼终于到了实现的时候。

4 月 28 日，国务院批准国家体改委、国务院生产办《关于股份制企业试点工作座谈会情况的报告》，提出分阶段、有步骤地推进股份制试点工作。6 月 30 日，国务院常务会议通过《全民所有制工业企业转换经营机制条例》。

5 月 16 日，中央政治局会议通过《关于加快改革，扩大开放，力争经济更好更快地上一个新台阶的意见》，提出贯彻落实邓小平南方谈话精神的专题方案，作为中央第 4 号文件下发。方案就扩大对外开放提出了具体措施。6 月 16 日，中共中央、国务院又作出《关于加快发展第三产业的决定》。

全国都行动起来了。邓小平南方谈话后不久，4 月下旬，国务院副总理邹家华带领由 10 个部委办联合组成的调查组南下广东，进行了为期半个月的调查研究。调查组了解了广东省改革开放以来所取得的成绩和经验，研究探讨落实了邓小平提出的广东要力争在今后 20

年内赶上亚洲"四小龙"目标的措施，提出了广东今后 20 年的经济发展战略目标，并表示国家将继续给予广东特殊的政策和灵活的措施。7 月 1 日，广东向中共中央、国务院报送了《关于加快广东发展步伐，力争 20 年赶上亚洲"四小龙"的请示》，提出赶上亚洲"四小龙"的目标和步骤是：在经济的总体水平上赶上"四小龙"，在精神文明方面要比他们强。这一目标的确定大大鼓舞了广东的士气。曾在姓"社"姓"资"的争论中惶惶不安的广东抓住这难得的历史性机遇，跟随着邓小平南方谈话的脚步，重振雄风，迈入了万象更新的春天，再度成为创业者的圣地。

上海也站到了新的起跑线上。邓小平的南方谈话给上海人民以巨大鼓舞。上海市委、市政府据此迅速制定上海改革开放的战略目标：以浦东特区开发为龙头，带动长江三角洲、长江沿江地区经济发展。国务院给了浦东 5 个新的优惠政策，浦东成了国内外关注的焦点，投资高潮迅速兴起。浦东的开发带动了上海的发展，1992 年全市经济增长率达到 15％，引进外资总额 33 亿元，是 1991 年的 8 倍。上海重新回到了全国的排头，成为中国全力起飞的写照。

南方谈话犹如一股强劲的春风，迅速吹遍中国大地，掀起了改革开放和现代化建设的新高潮。1992 年，中国国内生产总值的增长达到了前所未有的 12.8％，远远高于原先估计的 6％，从这一年起，中国的经济增长率一直高居世界前列。中国经济既保持了较快速度的发展，又避免了大起大落。

南方谈话是在世界社会主义事业遭受空前挫折、冷战结束、世界发生重大转折的关键时刻发表的。它表明中国共产党高举马克思主义旗帜、走社会主义道路的坚定信念，同时为进一步探索建设有中国特色的社会主义道路指明了正确方向。南方谈话总结了我国和其他国家搞社会主义的经验，围绕什么是社会主义、怎样建设社会主义的重大问题，作了深刻的回答，令人们对社会主义的认识产生了新的飞跃。

南方谈话科学总结了党的十一届三中全会以来的实践探索和基本经验，从理论上深刻回答了长期困扰和束缚人们思想的许多重大问题，是把改革开放和现代化建设推向新阶段的又一个解放思想、实事求是的宣言书。它为我们抓住机遇，把中国特色社会主义事业大踏步向前推进提供了强大思想武器，具有划时代的意义。

从南方回到北京的邓小平还是坐不住。他又在为搞活大中型企业忙碌着。

5 月 22 日，邓小平视察位于北京西郊的首都钢铁总公司。

首都钢铁公司在 1979 年就被批准为国家首批改革试点单位。12 年来，改革促进了首钢的发展。1991 年首钢的钢材产量达到 431 万吨，为 1978 年的 3.66 倍，平均年递增 10.5%，比同期全国重点钢铁企业钢材产量年均递增率高 7.2 个百分点；实现利税总额 29.26 亿元，为 1978 年的 7.76 倍，年均递增 17.07%，比同期全国重点钢铁企业实现利税平均年递增率高 10 个百分点；上缴 18.15 亿元，为 1978 年的 4.9 倍，年均递增 13%，比全国重点企业大约高 8 个百分点。从 1979 年至 1991 年，共上缴国家利、税、费 116.45 亿元，为 1978 年首钢固定资产原值的 6.9 倍，12 年为国家赚回近 7 个首钢；完成固定资产投资 48.1 亿元，国家投资仅占 4.3 亿元，新增国家固定资产 42 亿元，为 1978 年首钢国有资产原值的 2.49 倍。1991 年，首钢职工人均月收 324 元，为 1978 年的 5.26 倍，年均递增 13.6%。

上午 8 时 20 分，邓小平乘坐的汽车徐徐驶进首钢总公司的东大门，然后停在月季园，在这里等候的北京市委书记李锡铭和首钢负责人等一同走上前去，向邓小平致意。

首钢负责人说："首钢职工早就盼望着您来了！"

邓小平微笑着说："首钢我一直想来，而且早就想来。可是以前太忙了，这次来就是为了了却一桩心愿。"

邓小平幽默风趣的谈话使周围的气氛变得十分热烈、活跃。这时，邓小平的目光停留在一座银白色的高大厂房处，首钢负责人指着厂房介绍说：那是从比利时拆回建立起来的第二炼钢厂，现在已经达到了现代化水平。

邓小平点头称赞："这是条捷径，水平也并不低。"

首钢负责人说："当时这是您批的。"

邓小平笑着说："主要是大家干的。"

随后，邓小平步入月季园迎宾厅，在会议桌旁落座，听取首钢负责人关于首钢改革发展情况的汇报。首钢负责人对邓小平说："1960年您上这儿来过。"邓小平回答说："那个时候的主要企业我差不多都看过，你们和那个时候的面貌完全不一样了。"

首钢负责人简要地概述了首钢改革后发生的变化：首钢1978年开始改革，当时年产钢只有170多万吨，在国内八大钢厂中排名最后，这几年发展特别快，现在钢产量已排到老二。邓小平点头说："我赞成你们。"

接着，邓小平指出：主要是解放思想，换个脑筋就行了，脑筋不换哪，怎么也推不动。同样是忙忙碌碌，辛辛苦苦，可干起事来，慢慢腾腾、看不见新的气象。脑筋一活，想得就宽了，路子也就多了，干得也就更好了。

"换脑筋"三个字，朴实无华，言简意赅，揭示了解放思想的历史作用，触及了阻碍改革的深层原因，指出了推动改革的原动力。

谈话中邓小平高度称赞了首钢的改革经验，肯定了首钢十几年来在改革开放过程中取得的成就，他意味深长地提出：路啊，历来是明摆在那里的，是走得快，还是走得慢；是走得好，还是走得坏，那就看你走的路第一是对不对，方向对不对；第二是走得好不好。

邓小平指出：现在都在说改革，什么叫改革？怎么改呀？改了以后又怎么走啊？可以走得快，也可以走得慢，可能走得好，也可能走得坏，同样的条件，结果不一样啊，还是要看人的因素。

当首钢负责人汇报到首钢实行跨国经营的做法时，谈到了首钢与美钢合作开发转炉自动化，邓小平说：美国人利用你们这个优势，中国人自己不会利用，这是落后现象。

邓小平强调，现在就是要解决把大中型企业搞活这个问题，要全面动起来才行。

邓小平的话题紧紧围绕着搞活企业，他提出：改革开放进行得好的、发展快的企业，在两三年之后就能发挥重要作用。在上缴利税、外汇收入、技术水平等方面，都能够用活生生的事实来证明它的优越。相反，有这样一种意见，认为多交点给国家、管财政的就会少说话了。我不赞成把发展好的企业收得太苦了，会打击积极性，不好。邓小平又一次加重语气说：什么时候都要以不伤害发展企业的积极性为原则，以不减少职工收入为原则。

邓小平还指出：首钢交的利税是不少的。有这么些拳头企业、行业，就能够稳住中央的财政，上交的利税就会更多一点。就是要放开，对中央没有损失，上交不会少，搞成功了只会增加嘛。只能走这个路。他强调，不能走卡紧的路，只能走放松的路，放水养鱼好。

首钢负责人在汇报时说，现在大多数企业 90％的钱都上交了，机动财力太少，立项也比较难。邓小平马上回应：真正的毛病就在这里，或者说主要的毛病就在这里，就是上层建筑的这个机制、机构的改革问题。要真正给企业权力。我听到同志们反映的主要是这个问题。

邓小平又强调：你不搞活，社会主义的优势在哪里呢？为什么不允许改革？这是人的问题，人的思想没解放啊，还有抵触。过去就说姓"社"姓"资"，现在又说别的，反正还有一些人是在看，看你改革开放对不对。

邓小平还表示，没有点雄心壮志上不去，经济发展快了，可能会出些乱子的。出了乱子会有人叫，但是不管他叫不叫，我们要硬着头皮顶住。赞成改革的人，赞成发展的人要挺住。他还强调：胆子要放大一些，包括这个顶。为什么就有人顶得住。顶有顶的方法，顶得不得力，方法不对头，没有用处。

邓小平还特别讲到发展速度问题，他提出：什么叫慢？实际上慢就是停顿，停顿就是后退。逆水行舟，不进则退。看样子，如果我们始终保持6%的速度，就是停顿，就是后退，不是前进，不是发展。我们的发展速度同资本主义发达国家的发展速度不能一样。他们2%、3%就不错，我们6%并不一定是好速度。因为起点不同，原来的水准不一样，综合力量不一样。我们有些同志满足于6%，满足6%就等于第二个台阶要第一个台阶去补才补得上，迈第三步那就更艰难了。

邓小平在听完第二炼钢厂情况介绍后指出：要使大中型企业不要有自卑感，可以自己干，这是个机会，扬眉吐气的机会。为什么别人能干出来，我们自己干不出来？我们完全有能力依靠自己的力量干。要虚心接受先进企业的经验，请人当老师，苏联的人首钢可以请来用嘛。为什么还不快点请自己人，请首钢的，请宝钢的，还有别的嘛！哪一行都有先进的东西，要虚心地搞，这是个机会。要利用好这个机会，不要抬不起头来，完全可以搞，科技没有国界，只要对我们有利。邓小平特别强调：社会主义是干出来的。

在谈到我国钢铁事业的发展时，邓小平提出：日本人有过计算，他们一个企业界大老板跟我谈，中国对钢的需求的饱和点大概是1.1亿吨到1.2亿吨，可以保证国内建设的需要。要搞到1亿吨钢出头，为什么不干呢？没有理由不干。我们现在是7 000万吨产量，就是说还差4 000万吨。

邓小平问到进口钢材每年花多少钱，当听说进口1 000万吨钢材要花40亿美元时，邓小平马上说，每年进口3 000万吨，就是120亿美元，我们可以用这个钱自己干。有了我们现在钢铁企业的这个基础，自己动手搞，会省得多。

接着，邓小平又了解了首钢向海外出口产品的情况。听说首钢的机电产品及钢标出口几十个国家后，他认为：出口大幅度增长，这个非常好。国际市场你能站得住，能够发展，无论穷国、富国，我们都有市场，这就可以放心了。他还强调：没有通货膨胀危险，没有还不起债的危险，还怕什么？应该胆子大起来嘛！

听完汇报后，邓小平参观了首钢刚竣工投产的四高炉、第二炼钢厂、机械厂重型车间。邓小平走到哪里，哪里就是一片欢腾。看到邓小平，首钢职工心情激动，他们奔走相告，举着鲜花，举着标语牌，向邓小平表达敬意。邓小平也向周围的人群频频招手致意，并和身旁的工人一一握手。整个厂区沸腾了。

10 时 20 分，邓小平一行离开了首钢。

邓小平视察首钢，极大地鼓舞了首钢工作者。到这年的年底，首钢各项生产指标都达到了历史最好水平，同 1991 年相比精矿粉产量增长 15.24%，生铁产量增长 13.04%，钢产量增长 15.7%，钢材产量增长 7.66%，销售收入增长 37.85%，实现利润增长 35.59%，出口创汇增长 66.6%。此外，首钢在机械制造、电子行业、航运业、重点工程建设等方面都取得了全面丰收。全公司职工的福利待遇又有进一步改善，月平均收入比 1991 年增加 38 元，宿舍竣工 15 万平方米。

邓小平视察首钢，对搞活大中型企业起到了极大的推动作用。

第六章　为党的十四大报告鼓掌

　　1992年下半年，党和国家政治生活的一件大事就是召开了党的第十四次全国代表大会。

　　这年的2月，中共中央总书记江泽民和中央政治局常委会在谈到十四大报告起草的指导思想时明确指出：十四大报告要通篇体现小平同志今年年初视察南方重要谈话的精神，很好地总结十一届三中全会以来14年的基本实践和基本经验，坚持党的基本路线不动摇，要认真规划今后一个时期的战略部署，强调进一步解放思想，把握有利时机，加快改革开放和现代化建设的步伐，努力建设有中国特色的社会主义。

　　6月9日，江泽民在中央党校发表重要讲话，提出了建立社会主义市场经济体制的思想。

　　改革开放开始加速发展，但此时经济体制改革的目标依然是一个正在争论和探索的问题。这里的核心是怎样看待计划与市场。

　　十一届三中全会以来，对计划和市场问题及其相互关系的认识有一个发展过程。早在1979年11月26日，邓小平在会见美国不列颠百科全书出版公司编委会副主席吉布尼和加拿大麦吉尔大学东亚研究所主任林达光时说，说市场经济只存在于资本主义社会，只有资本主义的市场经济，这肯定是不正确的。社会主义为什么不可以搞市场经济？这个不能说是资本主义。我们是计划经济为主，也结合市场经济，但这是社会主义的市场经济。邓小平强调：社会主义也可以搞市场经济。1982 年党的十二大时，提法是计划经济为主、市场调节为辅；1984 年十二届三中全会通过的《中共中央关于经济体制改革的决定》提出了社会主义经济是在"公有制基础上的有计划的商品经济"的概念；1985 年 10 月 23 日，邓小平在会见美国时代公司组织的美国高级企业家代表团时说，社会主义和市场经济之间不存在根本矛盾。问题是用什么方法才能更有力地发展社会生产力。我们过去一直搞计划经济，但多年的实践证明，在某种意义上说，只搞计划经济会束缚生产力的发展。把计划经济和市场经济结合起来，就更能解放生产力，加速经济发展。1987 年 2 月 6 日，邓小平就党的十三大报告的起草问题，同中央几位负责同志谈话。他说："为什么一谈市场就说是资本主义，只有计划才是社会主义呢？计划和市场都是方法嘛。只要对发展生产力有好处，就可以利用。它为社会主义服务，就是社会主义的；为资本主义服务，就是资本主义的。好像一谈计划就是社会主义，这也是不对的，日本就有一个企划厅嘛，美国也有计划嘛。我们以前是学苏联的，搞计划经济。后来又讲计划经济为主，现在不要再讲这个了。"

党的十三大总结了十二届三中全会以来经济体制改革的新经验，在许多方面又有较大前进。首先，坚持"社会主义经济是公有制基础上的有计划的商品经济"的判断，并认为"这是我国经济体制改革的基本理论依据"。其次，在计划与市场的关系，即经济运行机制上，不再用十二届三中全会"建立自觉运用价值规律的计划体制"的提法。十三大的提法是"计划与市场内在统一的体制"，从总体上说，也就是"国家调节市场，市场引导企业"的机制。十三大还强调：计划和市场的作用范围都是覆盖全社会的；要逐步缩小指令性计划的范围，国家对企业的管理应逐步转向间接管理为主。再次，加快建立和培育社会主义市场体系。社会主义的市场体系，不仅包括消费品和生产资料等商品市场，而且应当包括资金、劳务、技术、信息和房地产等生产要素市场。

1988年9月，因为我国生活中出现的一些问题，党的十三届三中全会提出了"治理经济环境、整顿经济秩序、全面深化改革"的方针，开始了治理整顿。从当时的情况看，治理整顿是必要的、正确的，是我国经济能够持续、健康发展的前提，但并不是要改变改革的方向和我们的基本政策。然而，有些人借治理整顿又重新挑起了计划与市场的争论。他们认为这几年国民经济中的问题都是因为改革一开始就出现了"方向错误"，选择了市场取向，削弱了计划经济，应该回到计划经济的老路上去。

1989年政治风波后，中国的改革到底怎么走？在计划与市场的关系等重大改革原则问题上，我们应该采取什么方针？对这些问题社会上存在不同认识。一些人或出于担心，或囿于传统观念，对改革的市场取向提出了诘难，甚至错误地把政治、经济生活中出现的问题归咎于市场取向的改革。在批判资产阶级自由化问题的同时，又把这个批判引入经济领域，把"经济市场化"与"政治西方化""言论自由化"等同起来。他们把计划和市场问题同基本社会制度相联系，提出这是一个姓"社"姓"资"的问题。一些文章强调，社会主义经济只能是计划经济、市场经济只能是资本主义经济，把改革的目标定位在"市场取向"上将会改变社会主义经济的性质。一时间，"经济市场化"被说成是"资本主义和平演变"的一项主要内容，严重地干扰了改革的方向。

不解决这些长期困扰和束缚人们思想、涉及改革方向的重大认识问题，改革不但难以深化，还有可能再走回头路。

邓小平对计划与市场问题的探索思考仍然没有止步。在改革面临考验的关键时刻，邓小平接连发表谈话，重申他对计划与市场的观点。政治风波刚刚平息，邓小平就明确表示："我们要继续坚持计划经济与市场调节相结合，这个不能改。实际工作中，在调整时期，我们可以加强或者多一点计划性，而在另一个时候多一点市场调节，搞得更灵活一些。以后还是计划经济与市场调节相结合。"邓小平的原话是"计划经济与市场经济相结合"，稿子发表时把两处"市场经济"都改成了"市场调节"。

1989 年 6 月 16 日，邓小平在与几位中央负责同志谈第三代领导集体的当务之急时告诫说，如果在这个时候开展一个什么理论问题的讨论，比如对市场、计划等问题的讨论，提出这类问题，不但不利于稳定，还会误事。

邓小平在南方谈话中又对计划与市场的关系做了明确表述。他强调：不能认为计划经济是社会主义，市场经济是资本主义，社会主义也可以有市场，资本主义也可以有计划，都是手段。

邓小平关于社会主义可以搞市场经济的思想，从根本上解除了把社会主义与市场经济对立起来的思想束缚，破除了把计划与市场看成是区分不同社会制度的标准的错误认识，大大深化了人们对社会主义特征和社会主义经济建设规律的认识。此外，它也对我国经济体制改革产生了极大的推动作用，成为我们党的基本理论依据，为确定经济体制改革的目标模式奠定了基础。

在起草十四大报告的过程中，围绕着改革最终要建立一个什么样的经济体制问题，党内又有了一些新的提法，大体上有三种：一是建立计划与市场相结合的社会主义商品经济体制；二是建立社会主义有计划的市场经济体制；三是建立社会主义的市场经济体制。

究竟哪一种提法更切合中国的实际，更有利于促进经济的发展？这个问题始终萦绕在江泽民的脑海里。他反复研究马恩列斯、毛泽东、邓小平的论述，亲自主持座谈会，多方征求意见，集思广益。为了更广泛地了解各方面的看法，他还指示国家体改委、国务院发展研究中心、中国社会科学院等部门组织研讨。

1992年4月1日晚上，江泽民给国家体改委主任陈锦华打电话说，现在改革到了一个很关键的时候，下一步究竟怎么搞，大家都很关心。体改委是不是好好研究一下，给中央提提建议。同时，他自己也来考虑这个事情。

4月15日，国家体改委选择广东、江苏、山东、辽宁、四川五个省的体改委主任在北京专门座谈改革设想，主要议题是计划与市场的关系。座谈会开了三个半天。会上，五个省一致表示，希望党的十四大在计划与市场的关系问题上有所突破，明确提出建立和发展社会主义市场经济。会后，陈锦华立即给江泽民和李鹏写报告。

根据邓小平的一系列论述，在和中央一些同志交换意见基础上，江泽民6月9日来到中央党校，为省部级干部进修班作了《深刻领会和全面落实邓小平同志的重要谈话精神，把经济建设和改革开放搞得更快更好》的报告。他说："加快经济体制改革的根本任务，就是要尽快建立社会主义的新经济体制。而建立新经济体制的一个关键问题，是要正确认识计划与市场问题及其相互关系，就是要在国家宏观调控下，更加重视和发挥市场在资源配置上的作用。""我想在党的十四大报告中，总得最后确定一种大多数同志都赞同的有关经济体制的比较科学的提法，以利于进一步统一全党同志的认识和行动，以利于加快我国社会主义的新经济体制的建立。我个人的看法，比较倾向于使用'社会主义市场经济体制'这个提法。""我觉得使用'社会主义市场经济体制'是可以为大多数干部群众所接受的。虽然这是我个人的看法，但也与中央一些同志交换过意见，大家基本上是赞成的。当然，这还不是定论。"

江泽民讲到这里的时候，全场热烈鼓掌。这说明绝大多数人都是拥护邓小平南方谈话的精神，拥护经济体制改革的目标是建立社会主义市场经济体制这样一个指导方针的。这一步的迈出对整个经济体制改革具有决定性的意义。

在中央党校发表讲话之后，江泽民立即征求陈云、李先念对使用"经济体制改革的目标是建立社会主义市场经济体制"这个提法的意见，得到了他们的一致赞同。

6 月 12 日，江泽民来到邓小平家，征求邓小平的意见。邓小平表示赞成使用"社会主义市场经济体制"这个提法。邓小平说，不搞市场经济，没有竞争，没有比较，连科学技术都发展不起来。产品总是落后，也影响到消费，影响到对外贸易和出口。他还说，在党校的这个讲话可以先发内部文件，反应好的话，就可以讲。这样十四大也就有了一个主题了。

7 月 23 至 24 日，邓小平审阅党的十四大报告稿，对报告中涉及的一些重要问题表达了自己的看法。邓小平指出："报告第二部分的第八个问题，所讲的文明素质，没有确定的标准，但总的说起来，我们国家的社会文明素质要比别的国家高，单单说救灾，哪个国家能做到我们这样？人民生活水平的标准不能定高了，还是要提倡节约，提倡勤俭建国、勤俭持家。但是必要的消费又不能卡得太紧，限制太死，否则就没有刺激了，没有市场了。日本人的经验是高消费刺激高生产。我们办不到，我们基础弱。我们可以提用消费来刺激生产。""报告第三部分，讲世界范围的问题，不要单写欧洲。世界局势还要观察好多年。集中批评霸权主义和强权政治。"对报告稿提到的军队建设问题，他指出："中国的武装力量，人数可以减少，但是质量要提高，不能削弱。中国是个大国，没有足够的武装力量，保证不了国家的安全。军队的问题是加强装备，加强作战指挥能力，提高战斗力。"邓小平还特别嘱咐：改革开放中许许多多的东西，都是群众在实践中提出来的。报告中讲我的功绩，一定要放在集体领导范围内。可以体现以我为主体，但绝不是一个人脑筋就可以钻出什么新东西来。乡镇企业是谁发明的，谁都没有提出过，我也没有提出过，突然一下子冒出来了，发展得很快，见效也快。家庭联产承包责任制也是由农民首先提出来的。这是群众的智慧，集体的智慧。我的功劳是把这些新事物概括起来，加以提倡。报告对我的作用不要讲得太过分，一个人、几个人，干不出这么大的事情。报告第一部分最重要的是这个问题，要写得合乎实际。

1992年10月12日至18日，中国共产党第十四次全国代表大会在北京举行。

邓小平是党的十四大的特邀代表，但没有参加大会。

江泽民在会上作题为《加快改革开放和现代化建设步伐，夺取有中国特色社会主义事业的更大胜利》的报告。报告指出："这次代表大会的任务是：以邓小平同志建设有中国特色社会主义的理论为指导，认真总结党的十一届三中全会以来十四年的实践经验，确定今后一个时期的战略部署，动员全党同志和全国各族人民，进一步解放思想，把握有利时机，加快改革开放和现代化建设步伐，夺取有中国特色社会主义事业的更大胜利。"

报告首先肯定了邓小平对开好这次代表大会的历史功绩："今年初邓小平同志视察南方发表重要谈话，精辟地分析了当前国际国内形势，科学地总结了十一届三中全会以来党的基本实践和基本经验，明确地回答了这些年来经常困扰和束缚我们思想的许多重大认识问题"，"谈话不仅对当前的改革和建设，对开好党的十四大，具有十分重要的指导作用，而且对整个社会主义现代化建设事业具有重大而深远的意义"。

从十四大报告的基本精神，从十四大报告的字里行间，从十四大会议的整个过程，我们可以清楚地看到邓小平南方谈话和视察首钢的重要谈话为这次大会所强调的加快改革开放和现代化建设步伐定下了主旋律，大会接受了邓小平1992年提出的重要观点。

邓小平南方谈话强调，党的基本路线要100年不动摇，十四大报告则在第一部分，集中阐述了坚持党的基本路线是14年伟大实践的基本经验的集中体现，阐述了为什么坚持党的基本路线，怎样才能坚持这条基本路线，并且修改了党章，把党的基本路线写入党纲。

邓小平南方谈话对于计划与市场关系问题作出了划时代的回答，十四大明确了我国经济体制改革的目标模式——建立社会主义市场经济。

邓小平在视察首钢时关于发展速度的讲话有助于党的十四大报告对 20 世纪 90 年代我国经济发展速度作出重要修改：90 年代我国经济的发展速度，原定为国民生产总值平均每年增长 6%，现在从国际国内形势的发展情况来看，可以更快一些。根据初步测算，增长 8%—9%是可能的，我们应该向这个目标前进。

邓小平在南方和首钢视察时，首先强调政治体制改革和上层建筑的机构改革问题，十四大报告中则明确提出要进行政治体制改革和精简机构，并按照邓小平等老一辈革命家的建议，不再设立中央顾问委员会。

十四大期间，人们非常关注邓小平。开幕前一天的新闻发布会，数百名记者带着全世界的关注，提出的第一个问题是："邓小平是否出席本次大会？"邓小平出席大会是新闻，不出席也是新闻。当记者没有得到是与否的答案时，他们反复提出这个问题，逼得新闻发言人不得不几次重复提问者不愿意听到的回答：邓小平作为十四大特邀代表，接受了邀请。

12 日上午 9 时，全世界数以亿计的观众收看十四大开幕式的电视转播时，不约而同地在搜索邓小平的身影。

然而，开幕式上，没有见到邓小平；会议期间，也没有见到邓小平；闭幕式上还是没有见到邓小平。

其实，邓小平和全国人民一样十分关注十四大。十四大报告第四稿出来时，他花了两个半天的时间仔细审阅，又用两个半天的时间对报告提出修改意见。他从总体上对报告稿给予很高评价，认为这个报告有分量,是一大革命。

十四大开幕式那天,邓小平坐在家中电视机前,认真听了江泽民同志宣读的报告。结束时,邓小平满意地说:"讲得不错,我要为这个报告鼓掌。"说着就在电视机前鼓了掌。

十四大召开的这7天,邓小平每天翻阅十几份报纸,仔细了解大会进程。19日上午,当他看到十四大胜利闭幕,选出新的领导机构时,无限欣慰地说:"真是群情振奋。"

党的十四大,对于邓小平同志关于建设有中国特色社会主义的理论作了进一步概括,并将这个理论确定为党的基本理论,把按照这一理论制定的党的基本路线写入党章,明确用这一理论武装全党。

19日下午,十四大代表接到通知,要求全体代表去人民大会堂。这无疑给代表们带来了新希望。

下午3时许,等候在北京厅的7名新常委和杨尚昆、万里等走出北京厅,站在电梯口前。电梯上方的数字亮了。当数字亮到"2"的时候,电梯门开了。满面红光的邓小平出现在大家面前,他微笑着同江泽民等同志握手问候,然后在北京厅门口合影。

邓小平来到宴会厅。

耀眼的水银灯把大厅照得通明,2 000名代表的掌声像海啸一样,在大厅中回响。

邓小平身着银灰色中山装,迈着稳健的步伐,沿着红色地毯,走到代表们的面前。他边走边向代表们频频招手致意,时而停下脚步,同代表们亲切握手,代表们的掌声此起彼伏。

"小平同志您好!"

"祝小平同志健康长寿!"

这些发自肺腑的声音表达了全体代表的心声,道出了全国人民的深深祝愿。

邓小平走到代表们的中间位置坐下,同大家合影留念,大厅霎时异常安静。摄影机留下了 2 000 名代表和邓小平的历史性合影。

邓小平精神矍铄，在江泽民等同志的陪同下，沿着宽敞的宴会大厅绕场 1 周，时间达 20 分钟。邓小平快要离开大厅时，又回过头来朝代表们频频招手。2 000 双眼睛饱含深情地目送着邓小平离去。

7 名常委为邓小平送别，就在即将跨进电梯的一刻，邓小平转过身来对江泽民等同志说："大会开得很好，希望大家继续努力。"

江泽民握着邓小平的手说："您今天同大家见面，使代表们深受鼓舞，大家的情绪达到了高潮。"并代表新当选的中央领导集体表示："现在大政方针已定，我们要真抓实干。"

邓小平认真地听完，满意地点点头，这才登上电梯，挥手同大家道别。

在中国迈向 21 世纪的伟大进程中，邓小平南方谈话是熠熠生辉的里程碑，从此，中国的改革开放和现代化建设又步入了一个崭新的阶段。

1992 年，是一个新的起点。

1992 年 12 月 29 日，邓小平被英国《金融时报》评选为"1992年风云人物"。

第七章　晚年的思考

邓小平说:"我们退休以后也不是无事可做。观察社会问题,出点主意,原则上要掌握几条。"

1992 年,88 岁的邓小平思想最为活跃。邓小平视察南方,并发表了南方谈话。此后,他仍然对一些重大问题有深刻的思考。

1992 年 7 月 23 日至 24 日,邓小平在审阅中共十四大报告稿时,进一步阐发了农业"两个飞跃"思想。

他说:"关于农业问题,现在还是实行家庭联产承包为主的责任制。我以前提出过,在一定的条件下,走集体化集约化的道路是必要的。但是不要勉强,不要一股风。如果农民现在还没有提出这个问题,就不要着急。条件成熟了,农民自愿,也不要去阻碍。北京郊区搞适度规模经营,就是集体化集约化。从长远的观点看,科学技术发展了,管理能力增强了,又会产生一个飞跃。我讲过,农业的改革和发展会有两个飞跃,第一个飞跃是废除人民公社,实行家庭联产承包为主的责任制,第二个飞跃就是发展集体经济。社会主义经济以公有制为主体,农业也一样,最终要以公有制为主体……乡镇企业就是集体所有制。农村经济最终还是要实现集体化和集约化。有的地区农民已经提出集约化问题了。这个问题这次不提也可以,还是巩固承包制,但是以后总会提出来的。现在土地是公有的。要提高机械化程度,利用科学技术发展成果,一家一户是做不到的。特别是高科技成果的应用，有的要超过村的界线，甚至超过区的界线。仅靠双手劳动，仅是一家一户的耕作，不向集体化集约化经济发展，农业现代化的实现是不可能的。就是过一百年二百年，最终还是要走这条路。我最早提出两个飞跃思想的时候，李先念同志说他都赞成，说这是一个大思想。这个思想一直没有阐发。"

邓小平指出："报告第二部分的第三个问题，把农业和第三产业放在一起讲也有道理，这里实际上是讲产业结构的问题。产业结构的调整，应该包括三个方面：提高第一产业的质量，调整第二产业的结构，促进第三产业的兴起。提高第一产业的质量，具体的内容就是实现农业现代化。调整产业结构是个大问题。最主要的是调整好第一、第二、第三产业的结构。第三产业创造利润最多。"

邓小平提出农业"两个飞跃"这一思想是有一个过程的。

改革开放之初，邓小平在充分肯定并积极支持农村家庭联产承包责任制的同时，就初步提出了"两个飞跃"思想的框架。1980 年 5 月 31 日，他在一次谈话中指出："农村政策放宽以后，一些适宜搞包产到户的地方搞了包产到户，效果很好，变化很快。安徽肥西县绝大多数生产队搞了包产到户，增产幅度很大。'凤阳花鼓'中唱的那个凤阳县，绝大多数生产队搞了大包干，也是一年翻身，改变面貌。有的同志担心，这样搞会不会影响集体经济，我看这种担心是不必要的。我们总的方向是发展集体经济。实行包产到户的地方，经济的主体现在也还是生产队。这些地方将来会怎么样呢？可以肯定，只要生产发展了，农村的社会分工和商品经济发展了，低水平的集体化就会发展到高水平的集体化，集体经济不巩固的也会巩固起来。关键是发展生产力，要在这方面为集体化的进一步发展创造条件。具体说来，要实现以下四个条件：第一，机械化水平提高了（这是说广义的机械化，不限于耕种收割的机械化），在一定程度上实现了适合当地自然条件和经济情况的、受到人们欢迎的机械化。第二，管理水平提高了，积累了经验，有了一批具备相当管理能力的干部。第三，多种经营发展了，并随之而来成立了各种专业组或专业队，从而使农村的商品经济大大发展起来。第四，集体收入增加而且在整个收入中的比重提高了。具备了这四个条件，目前搞包产到户的地方，形式就会有发展变化。这种转变不是自上而下的，不是行政命令的，而是生产发展本身必然提出的要求。"

这是邓小平在总结历史经验的基础上提出来的。他说："有人说，过去搞社会主义改造，速度太快了。我看这个意见不能说一点道理也没有。比如农业合作化，一两年一个高潮，一种组织形式还没有来得及巩固，很快又变了。从初级合作化到普遍办高级社就是如此。如果稳步前进，巩固一段时间再发展，就可能搞得更好一些。一九五八年大跃进时，高级社还不巩固，又普遍搞人民公社，结果六十年代初期不得不退回去，退到以生产队为基本核算单位。在农村社会主义教育运动中，有些地方把原来规模比较合适的生产队，硬分成几个规模很小的生产队。而另一些地方搞并队，又把生产队的规模搞得过大。实践证明这样并不好。"

邓小平认为，从当地具体条件和群众意愿出发，这一点很重要。我们在宣传上不要只讲一种办法，要求各地都照着去做。宣传好的典型时，一定要讲清楚他们是在什么条件下，怎样根据自己的情况搞起来的，不能把他们说得什么都好，什么问题都解决了，更不能要求别的地方不顾自己的条件生搬硬套。"除表现在集体化的组织形式这方面外，还有因地制宜发展生产的问题。所谓因地制宜，就是说那里适宜发展什么就发展什么，不适宜发展什么就不要去硬搞。像西北的不少地方，应该下决心以种牧草为主，发展畜牧业。现在有些干部，对于怎样适合本地情况，多搞一些经济收益大、群众得实惠的东西，还是考虑不多，仍然是按老框框办事，思想很不解放。所以政策放宽以后，还有很多工作要做。"1984 年 3 月 14 日，他在同胡乔木、邓力群谈话时，又重申了 1980 年的谈话精神，他指出："农村政策很见效，农村状况确实很好。我们要继续采取措施，使形势更好。在农村，我们终归还是要让农民搞集体经济。"

随着改革开放的深入发展，我国广大农村在短短几年时间里实现了第一个飞跃。到了 20 世纪 90 年代初，邓小平精辟地分析了我国农业发展的历史经验与趋势，创造性地提出了农业发展必须要有"两个飞跃"思想。

1990 年 3 月 3 日，他在同中央领导人的谈话中说："中国社会主义农业的改革和发展，从长远的观点看，要有两个飞跃。第一个飞跃，是废除人民公社，实行家庭联产承包为主的责任制。这是一个很大的前进，要长期坚持不变。第二个飞跃，是适应科学种田和生产社会化的需要，发展适度规模经营，发展集体经济。这是又一个很大的前进，当然这是很长的过程。"这是邓小平第一次明确提出"两个飞跃"的思想。

邓小平关于农业"两个飞跃"的思考，是在总结中国农村在实现集体化进程中正反两方面的经验和教训的基础上提出来的。1989 年同 1978 年相比，我国粮食总产量增长了 2 000 多亿斤，农村社会总产值和农民人均纯收入都增长了 3.5 倍，这是中华人民共和国成立以来农业经济发展最快、农民生活改善最明显的一个时期。但是，20 世纪 80 年代中后期，粮食年总产量在 4 亿吨左右徘徊；农民人均纯收入年均增幅降至 2%—3%，1989 年至 1991 年年均增长仅为 1.2%，其中 1989 年为—1.6%，与 1990 年两年合计仅增 1 元钱；城乡居民收入和消费比例再次拉大，恢复到改革前的水平。乡镇企业在"异军突起"之后增速放慢，传统农业在徘徊不前之后发展迟缓。农村社会经济增长缓慢的状况制约着改革的进一步发展和深化。

邓小平认为，只有建立与生产力发展水平相适应的生产关系，才能更有效地促进农业生产力的发展。因此，必须对一家一户分散的家庭承包经营进行组织制度的创新。

邓小平在阐述"第二个飞跃"思想时，特别提出一条重要原则：要尊重农民的愿望和要求。如果农民现在还没有提出这个问题，就不要着急，不要勉强，不要搞一股风。条件成熟了，农民自愿，也不要去阻碍。

邓小平关于农业"两个飞跃"的重要论断，是其农业发展战略的高度概括和总结，内涵十分丰富。他关于农业发展"两个飞跃"的思想对解决我国"三农"问题有重大指导意义。

晚年邓小平还高度关注民主集中制问题。1992 年 7 月 23 日至 24 日，他在审阅中共十四大报告稿时，就民主集中制部分的论述提出修改意见。他说：报告第二部分的第六个问题和第四部分，讲我们党和国家历来的制度，就是民主集中制。具体解释就是民主基础上的集中，集中指导下的民主。这个问题不要丢，要加几句。民主集中制我们讲得太少。这个制度是最便利的制度，最合理的制度，是我们的根本制度。用宪法的语言来表述好。民主集中制问题是根本制度的问题，我们总有一天要找机会把这个问题表述清楚。不管怎么样，要树立一个观念，就是我们党和国家的根本制度是民主集中制。

邓小平此时对民主集中制的高度评价和重视，是他总结党和国家长期实践经验得出的结论。他对民主集中制的认识有一个过程。他第一次谈到民主集中制，是在 1948 年 6 月。此后 40 多年中，他集中谈论民主集中制达 20 次之多，足见他对这个问题的高度重视。邓小平本人在不同历史时期对民主集中制内涵的阐述不尽相同，强调的重点也不尽相同。战争年代，他强调必须实行民主集中制，同时必须承认首长制，但首长必须接受党委的领导，党委决定经过首长去实施。20 世纪 60 年代，针对中苏论战中赫鲁晓夫反对个人崇拜、反对斯大林，他提出，党的组织原则是民主集中制。党一定要有领袖，有领导核心。全国要有全国的领袖，地方要有地方的领袖，一个支部也要有核心。没有领袖和核心，就要培养领袖和核心。中国革命之所以取得胜利，就是因为有了毛泽东这样的领袖。领袖与集体领导是不矛盾的。同时，他还尖锐地指出："民主集中制执行得不好，党是可以变质的，国家也是可以变质的，社会主义也是可以变质的。干部可以变质，个人也可以变质。""文化大革命"中，中共九大、十大党章删去了总纲中有关民主集中制的论述，民主集中制遭到严重破坏。针对过去一个相当长时期内，党和国家民主集中制没有真正实行的现象，邓小平在改革开放初期特别强调，民主集中制的中心是民主。"我们的原则是民主集中制。过去一个时期，确实发扬民主不够，不利于调动人民的积极性。因此，在一个时期内，要着重强调发扬民主这一面。"改革开放新时期，他还多次强调民主集中制的优越性。"更利于团结人民，比西方的民主好得多。我们做某一项决定，可以立即实施。"

邓小平晚年对民主集中制的高度评价和重视，还源于他对东欧剧变、苏联解体教训的深刻反思。苏联、东欧国家共产党失去政权和社会主义制度的严重教训之一，就是长期违背民主集中制原则，搞官僚集权，严重脱离广大党员和群众。苏共领导人戈尔巴乔夫等又接受社会民主主义思潮，抛弃党的民主集中制，搞多元化、多党制，使党失去了凝聚力和战斗力。正因如此，邓小平建议要用宪法的语言把民主集中制表述好。

邓小平此时对民主集中制的高度评价和重视，还因为中共在全国执政后，把民主集中制运用于政权建设，规定在国家机构全国人民代表大会、地方各级人民代表大会和其他国家机关中实行民主集中制原则。但在国家机构中如何实行这一原则并没有做出具体规定，对实行这一原则的重要性更是很少论及。邓小平清醒地意识到，没有民主，就没有集中；而集中总是要在民主的基础上，才能真正地正确地实现。他强调民主集中制是党和国家的根本制度，建立健全这一制度，党和国家就不会变质。

根据邓小平的意见，1992年通过的中共十四大党章把中共十二大提出的"在民主的基础上实行高度的集中"改为"民主集中制是民主基础上的集中和集中指导下的民主相结合"，并指出这既是党的根本组织原则，也是群众路线在党的生活中的运用。中共十四大报告特别强调："我国宪法规定，中华人民共和国国家机构实行民主集中制的原则。这是我们的一项根本制度。"只有实行民主基础上的集中和集中指导下的民主相结合，才能充分发挥各级党组织和广大党员的积极性和创造性，集中全党智慧，保证党的决策的正确和有效实施，增强党的纪律和战斗力，使改革开放和现代化建设顺利前进。

分配问题是邓小平晚年思考和关注的一个问题，也是他谈得最多的一个问题。这些谈话，凝结着他对分配问题的新认识和新思考。

1992年初邓小平在南方谈话中提出避免两极分化，实现共同富裕，他说："什么时候突出地提出和解决这个问题，在什么基础上提出和解决这个问题，要研究。"同年12月18日，他在上海休息期间，看到《参考消息》登载的《中国将成为最大的经济国》和《马克思主义新挑战更加令人生畏》两篇文章，其中一篇文章提出："西方实行自由市场的自由派所面临的挑战将不仅仅是显示资本主义比社会主义效率高，而且还要显示资本主义在分配上是公平合理的。"当时正是东欧剧变发生不久，在西方一些学者看来，资本主义社会如果不能解决在财富分配上的公平合理问题，总有一天主张公平合理分配的马克思主义、社会主义还会重新高涨起来。邓小平看到这则报道后，专门和身边的工作人员谈到分配问题。他说："中国发展到一定的程度后，一定要考虑分配问题。也就是说，要考虑落后地区和发达地区的差距问题。不同地区总会有一定的差距。这种差距太小不行，太大也不行。如果仅仅是少数人富有，那就会落到资本主义去了。要研究提出分配这个问题和它的意义。到本世纪末就应该考虑这个问题了。我们的政策应该是既不能鼓励懒汉，又不能造成打'内仗'。"

邓小平特意要求工作人员把他的话记录下来，送给中央领导参阅，可见他对分配问题是何等重视。

1993 年 9 月 16 日，邓小平在同弟弟邓垦的谈话中，再一次谈到分配问题。

邓小平说："十二亿人口怎样实现富裕，富裕起来以后财富怎样分配，这都是大问题。题目已经出来了，解决这个问题比解决发展起来的问题还困难。分配的问题大得很。我们讲要防止两极分化，实际上两极分化自然出现。要利用各种手段、各种方法、各种方案来解决这些问题。""少部分人获得那么多财富，大多数人没有，这样发展下去总有一天会出问题。分配不公，会导致两极分化，到一定时候问题就会出来。这个问题要解决。过去我们讲先发展起来。现在看，发展起来以后的问题不比发展时少。"邓小平指出："如果仅仅是少数人富有，那就会落到资本主义去了。"因此，他提出，中国发展到一定程度后，一定要考虑分配问题，即要考虑落后地区和发达地区的差距问题。不同地区总会有一定的差距，这种差距太小不行，太大也不行。

晚年的邓小平之所以高度关注分配问题，主要是基于两方面的原因。

第一，在他看来，解决好分配问题是社会主义题中应有之义。改革开放之初，邓小平提倡一部分地区、一部分人先富起来，同时，他一直把实现共同富裕、避免两极分化视为社会主义的题中应有之义，把两极分化看作是走资本主义道路的同义语。他说："社会主义与资本主义不同的特点就是共同富裕，不搞两极分化。""如果导致两极分化，改革就算失败了。"1990 年 12 月 24 日，他在同几位中央负责同志的谈话中说："共同致富，我们从改革一开始就讲，将来总有一天要成为中心课题。社会主义不是少数人富起来、大多数人穷，不是那个样子。社会主义最大的优越性就是共同富裕，这是体现社会主义本质的一个东西。"

第二，正视我国贫富差距拉大的客观现实。改革开放以来，我国打破平均主义"大锅饭"，充分调动全体劳动者的生产积极性，经济社会发展取得显著成绩，城乡面貌发生了巨大改变。但同时，发展不平衡、收入差距拉大也使社会矛盾日益凸显。20 世纪 90 年代前半期，我国基尼系数已经超过 0.4 这个警戒线，表明居民贫富差距已经比较大。邓小平看到了这一问题，他认为，社会主义市场经济新情况下，这一差距还会进一步扩大。到那时，若再不突出地提出和解决这一问题，将有可能错过解决问题的最佳时机。

按照邓小平的提醒和告诫，中共中央对社会主义市场经济条件下如何推进共同富裕进行了大胆的探索和实践。1993 年 11 月，中共十四届三中全会通过的《中共中央关于建立社会主义市场经济体制若干问题的决定》提出："个人收入分配要坚持以按劳分配为主体、多种分配方式并存的制度，体现效率优先，兼顾公平的原则"，"提倡先富带动和帮助后富，逐步实现共同富裕"。1994 年 4 月，中共中央、国务院通过了《国家八七扶贫攻坚计划》。国家在财力有限的情况下，逐步加大扶贫投入。到 20 世纪末，我国基本解决了农村贫困人口的温饱问题。

邓小平在改革开放之初就旗帜鲜明地提出坚持四项基本原则问题，他在此问题上可以说"讲得最早、最多、最深刻"。晚年邓小平对这一问题的思考仍然没有停止。

1992 年南方谈话中，邓小平强调：要坚持党的十一届三中全会以来的路线、方针、政策，关键是坚持"一个中心、两个基本点""基本路线要管一百年，动摇不得"。"在整个改革开放的过程中，必须始终注意坚持四项基本原则。十二届六中全会我提出反对资产阶级自由化还要搞二十年，现在看起来还不止二十年。资产阶级自由化泛滥，后果极其严重。特区搞建设，花了十几年时间才有这个样子，垮起来可是一夜之间啊。垮起来容易，建设就很难。在苗头出现时不注意，就会出事。"

1993 年 9 月 16 日，邓小平在同弟弟邓垦的谈话中又集中地谈到"四个坚持"。他说："我们在改革开放初期就提出'四个坚持'。没有这'四个坚持'，特别是党的领导，什么事情也搞不好，会出问题。出问题就不是小问题。社会主义市场经济优越性在哪里？就在四个坚持。四个坚持集中表现在党的领导。这个问题可以敞开来说，我那个讲话（指邓小平 1979 年 3 月在党的理论工作务虚会上的讲话）没有什么输理的地方，没有什么见不得人的地方。当时我讲的无产阶级专政，就是人民民主专政，讲人民民主专政，比较容易为人所接受。现在经济发展这么快，没有四个坚持究竟会是个什么局面？提出四个坚持，以后怎么做，还有文章，还有一大堆的事情，还有没有理清楚的东西。党的领导是个优越性。没有人民民主专政，党的领导怎么实现啊？四个坚持是'成套设备'。在改革开放的同时，搞好四个坚持，我是打下了个基础，这个话不是空的。"

这是邓小平对四项基本原则所做的最后的也是最重要的新论断。

邓小平认为，没有"四个坚持"会出大问题。

十一届三中全会前后，我们党进行了指导思想和各条战线的拨乱反正工作。随着拨乱反正工作的逐步深入，党内外的思想也空前活跃，出现了努力研究新情况和解决新问题的生动活泼的政治局面。然而，这一时期出现的另一种动向也引起了邓小平的警觉：一方面，党内有一部分人还深受林彪、"四人帮"极左思潮的毒害，有极少数人甚至散布流言蜚语，攻击十一届三中全会路线以及十一届三中全会以来所实行的一系列方针政策违反马列主义、毛泽东思想；另一方面，极少数人利用党进行拨乱反正的时机，打着"社会改革"的幌子，曲解"解放思想"的口号，采取"攻其一点，不及其余"的手法，把党的错误加以极端的夸大，企图否定党的领导，否定社会主义道路，否定毛泽东和毛泽东思想。他们中的一些人还提出了什么"反饥饿"

"反迫害""要人权""要民主"等口号，甚至成立非法组织，出版地下刊物，煽动一部分人到处闹事，冲击中央机关和国家机关。有的人还同海外敌对势力相勾结，妄图挑起更大的事端。这种情况，如果任其发展，必将破坏中国社会主义现代化建设所需要的稳定的政治局面。正是在这一背景下，1979年3月30日，邓小平代表中共中央在党的理论工作务虚会讲话。他明确指出：要在中国实现四个现代化，必须在思想政治上坚持四项基本原则。这是实现四个现代化的根本前提。这四项是：第一，必须坚持社会主义道路；第二，必须坚持无产阶级专政；第三，必须坚持共产党的领导；第四，必须坚持马列主义、毛泽东思想。1981年6月，党的十一届六中全会通过的《关于建国以来党的若干历史问题的决议》明确规定：四项基本原则，是全党团结和全国各族人民团结的共同的政治基础，也是社会主义现代化建设事业顺利进行的根本保证。一切偏离四项基本原则的言论和行动都是错误的，一切否定和破坏四项基本原则的言论和行动都是不能容许的。1982年通过的《中华人民共和国宪法》对四项基本原则又做了记载和肯定。

20世纪80年代初，社会上一些人散布反对四项基本原则的言论，他们采取各种方式攻击党的领导，攻击社会主义制度，鼓吹资产阶级自由化的观点。而这时党的理论宣传工作也出现了一些偏差，没有积极主动、理直气壮地宣传四项基本原则，对这股错误思潮进行有力的斗争。1985年5月20日，邓小平在会见陈鼓应教授时说："中国在粉碎'四人帮'以后出现一种思潮，叫资产阶级自由化，崇拜西方资本主义国家的'民主'、'自由'，否定社会主义。这不行。中国要搞现代化，绝不能搞自由化，绝不能走西方资本主义道路。""自由化思潮一发展，我们的事业就会被冲乱。"6月6日，邓小平在接见"大陆与台湾"学术研讨会主席团全体成员时又一次谈到了这个问题，他说："在我们的国家，搞资产阶级自由化，就是走资本主义道路，就统一不起来了。""搞资产阶级自由化，我们内部就成了一个乱的社会，不是一个安定的社会，什么建设都搞不成了。对我们来说，这是一个非常关键的原则的问题。"1986 年 9 月 28 日，在中共十二届六中全会讨论《中共中央关于社会主义精神文明建设指导方针的决议》草案时，有人提出不要写"反对资产阶级自由化"的意见，邓小平明确表示了自己的态度，他说："反对资产阶级自由化，我讲得最多，而且我最坚持。为什么？第一，现在在群众中，在年轻人中，有一种思潮，这种思潮就是自由化。第二，还有在那里敲边鼓的，如一些香港的议论，台湾的议论，都是反对我们的四项基本原则，主张我们把资本主义一套制度都拿过来，似乎这样才算真正搞现代化了。自由化是一种什么东西？实际上就是要把我们中国现行的政策引导到走资本主义道路。""搞自由化，就会破坏我们安定团结的政治局面。没有一个安定团结的政治局面，就不可能搞建设。自由化本身就是资产阶级的，没有什么无产阶级的、社会主义的自由化，自由化本身就是对我们现行政策、现行制度的对抗，或者叫反对，或者叫修改。实际情况是，搞自由化就是要把我们引导到资本主义道路上去，所以我们用反对资产阶级自由化这个提法。管什么这里用过、那里用过，无关重要，现实政治要求我们在决议中写这个。我主张用。"他强调："反对自由化，不仅这次要讲，还要讲十年二十年。这个思潮不顶住，加上开放必然进来许多乌七八糟的东西，一结合起来，是一种不可忽视的、对我们社会主义四个现代化的冲击。"

1986 年 12 月中旬至下旬，合肥、北京等地一些高等院校的少数学生出于各种情绪和缘由上街游行。极少数别有用心的人从中进行反对共产党的领导、反对社会主义道路的煽动，有的地方出现了扰乱交通秩序和违犯社会治安规定的情况。后经有关方面和学校当局的教育和疏导，事件逐渐平息。事件平息之后，12 月 30 日，邓小平同几位中央负责人谈话，一针见血地指出了引起这次事件的原因。他说："学生闹事，大事出不了，但从问题的性质来看，是一个很重大的事件……凡是闹得起来的地方，都是因为那里的领导旗帜不鲜明、态度不坚决。这也不是一个两个地方的问题，也不是一年两年的问题，是几年来反对资产阶级自由化思潮旗帜不鲜明、态度不坚决的结果。要旗帜鲜明地坚持四项基本原则，否则就是放任了资产阶级自由化，问题就出在这里……应该说，从中央到地方，在思想理论战线上是软弱的，丧失了阵地，对于资产阶级自由化是个放任的态度，好人得不到支持，坏人猖狂得很。"他强调："四项基本原则必须讲，人民民主专政必须讲……中国没有共产党的领导、不搞社会主义是没有前途的……反对精神污染的观点，我至今没有放弃……反对资产阶级自由化至少还要搞二十年。民主只能逐步地发展，不能搬用西方的那一套，要搬那一套，非乱不可。"

邓小平认为，学生们闹一下的好处，是提醒我们党要好好总结这几年的发展经验，使我们更清楚问题在哪里。1987 年 1 月 20 日，他在会见当时的津巴布韦总理穆加贝时说："我们讲坚持四项基本原则，就需要经常用四项基本原则教育人民。这几年来，一直存在着资产阶级自由化思潮，但反对不力。尽管我多次强调要注意这个问题，可是在实际工作中我们党的领导不力。"1 月 28 日，中共中央发出《关于当前反对资产阶级自由化若干问题的通知》，阐明了这场斗争的性质、意义、范围、重点等政策问题。强调党的十一届三中全会以来的路线有两个基本点：一是坚持四项基本原则，一是坚持改革、开放、搞活。两者互相联系，缺一不可。2 月 18 日，邓小平在会见加蓬总统邦戈时说："大学生闹事，主要责任不在学生，而是少数别有用心的人煽动，其中主要是少数党内高级知识分子。我们严肃地处理了这件事。但是，反对资产阶级自由化的斗争还没有结束……这个斗争将贯穿在实现四化的整个过程中，不仅本世纪内要进行，下个世纪还要继续进行。"3 月 3 日，他在会见美国国务卿舒尔茨时进而强调："反对资产阶级自由化是一个长期教育的问题，同四个现代化建设将是并行的。为了刹住一个时期的势头，例如对这次学生闹事，需要采取一些比较紧迫的办法，但从根本上说，这是一个长期的事。四个现代化，我们要搞五十至七十年，在整个四个现代化的过程中都存在一个反对资产阶级自由化的问题。"1987 年 10 月，党的十三大报告把"四项基本原则"作为重要内容写进党在社会主义初级阶段的基本路线之中，即：领导和团结全国各族人民，以经济建设为中心，坚持四项基本原则，坚持改革开放，自力更生，艰苦创业，为把我国建设成为富强、民主、文明的社会主义现代化国家而奋斗（即"一个中心、两个基本点"）。

1988 年末至 1989 年初，在国际大气候和国内小气候的影响下，资产阶级自由化再次泛滥，在若干大城市，特别是在北京，搞资产阶级自由化的人陆续举行意在根本改变国家制度的政治集会、政治上书和其他敌对活动，并最终导致了一场政治风波。1989 年 3 月 4 日，邓小平在同中央负责同志的谈话中说："我们搞四化，搞改革开放，关键是稳定……凡是妨碍稳定的就要对付，不能让步，不能迁就。""台湾集中攻我们四个坚持，恰恰证明四个坚持不能丢。没有四个坚持，中国就乱了。"

面对国内政治风波、国际上发生的东欧剧变，以及中国实行社会主义市场经济的新形势，邓小平对坚持四项基本原则的重要性体会尤为深刻。6 月 9 日，邓小平在接见首都戒严部队军以上干部时发表的讲话对这个问题作出了明确的回答。他说："这次事件的性质，就是资产阶级自由化和四个坚持的对立。四个坚持、思想政治工作、反对资产阶级自由化、反对精神污染，我们不是没有讲，而是缺乏一贯性，没有行动，甚至讲得都很少。不是错在四个坚持本身，而是错在坚持得不够一贯，教育和思想政治工作太差。"9 月 16 日，他在会见美籍华人李政道教授时又指出："过去两个总书记都没有站住，并不是选的时候不合格。选的时候没有选错，但后来他们在根本问题上，就是在坚持四项基本原则的问题上犯了错误，栽了跟头。四个坚持中最核心的是党的领导和社会主义。四个坚持的对立面是资产阶级自由化。坚持四项基本原则，反对资产阶级自由化，这些年来每年我都讲多次，但是他们没有执行。"1990 年 6 月 11 日，他在会见包玉刚时说："如果走东欧这条路，中国就完了。东欧发生的事情说明中国的'四个坚持'是搞对了。"12 月 24 日，邓小平在同几位中央负责人谈话时，态度更为明确，也更为坚决，他说："我不止一次讲过，稳定压倒一切，人民民主专政不能丢。你闹资产阶级自由化，用资产阶级人权、民主那一套来搞动乱，我就坚决制止。"1992 年党的十四大通过的党章明确指出："坚持社会主义道路、坚持人民民主专政、坚持中国共产党的领导、坚持马克思列宁主义毛泽东思想这四项基本原则，是我们的立国之本。在社会主义现代化建设的整个过程中，必须坚持四项基本原则，反对资产阶级自由化。"

邓小平指出，社会主义市场经济的优越性在于"四个坚持"。

自 1992 年中共十四大提出搞社会主义市场经济以来，对于社会主义市场经济的优越性究竟在哪里，众说纷纭。有人提出是有效配置资源，解放和发展生产力；有人提出是公平正义，共同富裕等。邓小平强调社会主义市场经济的优越性就在于四个坚持，四个坚持集中表现在党的领导，可谓一语中的。当时有的人要求在经济体制改革的目标中删去"社会主义"这个关键词，只提市场经济，把我国的市场经济同西方的市场经济完全等同起来。邓小平坚决拒绝了这种错误意见，并把坚持四项基本原则作为社会主义市场经济的优越性提了出来，这就从根本上区分了两种不同性质的市场经济，对于我国经济体制的改革和运行具有方向性的重大现实意义。1992 年 10 月，党的十四大把建设有中国特色社会主义的理论和党的"一个中心、两个基本点"的基本路线正式载入党章。邓小平在 1993 年 9 月与邓垦的这次谈话中进一步强调了四项基本原则的重要性。

邓小平认为，"四个坚持是'成套设备'"。

关于四项基本原则之间的关系，邓小平有过多次表述。他说："如果动摇了这四项基本原则中的任何一项，那就动摇了整个社会主义事业，整个现代化建设事业。"改革开放初期，邓小平强调指出："四个坚持的核心，是坚持党的领导。" 20 世纪 80 年代中期以后，在反对自由化思潮特别是平息 1989 年政治风波、打破西方敌对势力对我国干涉制裁时，邓小平对人民民主专政的作用有了新的认识。1986 年 12 月，他在一次谈话中说："四项基本原则必须讲，人民民主专政必须讲。要争取一个安定团结的政治局面，没有人民民主专政不行。" 1990 年 12 月，他在另一次谈话中说："在四个坚持中，坚持人民民主专政这一条不低于其他三条。理论上讲清楚这个道理是必要的。"邓小平在南方谈话中着眼于巩固和发展社会主义制度的战略需要，他进一步强调："依靠无产阶级专政保卫社会主义制度，这是马克思主义的一个基本观点。马克思说过，阶级斗争学说不是他的发明，真正的发明是关于无产阶级专政的理论。历史经验证明，刚刚掌握政权的新兴阶级，一般来说，总是弱于敌对阶级的力量，因此要用专政的手段来巩固政权。对人民实行民主，对敌人实行专政，这就是人民民主专政。运用人民民主专政的力量，巩固人民的政权，是正义的事情，没有什么输理的地方。

邓小平在 1993 年 9 月与邓垦的这次谈话中把四项基本原则比喻为"成套设备"，内涵深刻。第一，四项基本原则是实现社会主义现代化的系统保障。第二，四项基本原则相互协调运转才能有效发挥整体效能。第三，党的领导是四项基本原则这个"成套设备"的"主机"。第四，四项基本原则既然是"成套设备"，就要不断"维护"、不断"更新"、不断处于"先进"水平。

邓小平强调："四个坚持"今后怎么做，还有一大堆事情。

邓小平最早提出"四个坚持"，也坚定地予以坚持。他多次强调四项基本原则没有什么输理的地方，没有什么见不得人的地方。强调四项基本原则只是开了个头，只是打下个基础，今后怎么做还需要随着时代实践的发展而进一步充实内容。这实际上也是他向新的中央领导提出的一个新课题。

晚年的邓小平仍然心系党和国家的前途命运，思考改革开放和现代化建设中出现的新情况、新问题。他对上述重大问题的思考，是他继南方谈话后留下的又一宝贵思想遗产，丰富了中国特色社会主义理论，对我国社会主义现代化建设有着长远的指导意义。

第八章　最后的嘱托

1992 年 12 月 15 日，邓小平乘专列来到浙江杭州。

这是他最后一次来浙江视察，算来是第 15 次了。

曾任浙江省公安厅厅长的夏仲烈回忆说："我于 12 月 6 日接到小平同志要来浙江的通知，当晚就召集省、市公安厅局和警卫处的负责人布置任务。会上，我强调了三句话：'首长来浙江，这是我们盼望已久的大事，要在省委的直接领导下，不惜一切，精心安排，接待好；要全力以赴，周密部署，确保安全，做到万无一失；全体警卫人员必须明确，保证首长的安全、健康、愉快，就是为党为人民作贡献，首长能多住一天，就是我们为党为人民多（做）一份贡献，（我们就）多一份光荣。'全体警卫接待人员接到命令后，无不兴高采烈，怀着对小平同志的深厚感情，积极热情、一丝不苟地投入紧张的准备工作。"

15 日 16 时，邓小平在女儿毛毛的搀扶下走出专列，早已在杭州火车站等候的当时的中共浙江省委书记李泽民和省长葛洪升迎上前去和邓小平握手问候。

邓小平头戴一顶粗呢鸭舌帽，身穿皮夹克，精神非常饱满。

李泽民说："我代表浙江省委欢迎您来杭州。"

随后，邓小平一行乘坐一辆柯斯达面包车前往西湖国宾馆。

一路上，邓小平没有一点旅途的疲倦，对坐在身边的李泽民问这问那。

"你是哪儿人啊?"邓小平问。

李泽民回答说:"我是四川人。"

一听说是四川人,邓小平乐了,说:"我们可是老乡啦!"

车里的气氛一下子活跃起来。

车过市区,邓小平看着窗外的风景,说:"杭州这几年的变化可不小!"他还详细询问了杭州的境外旅客有多少,可以有多少收入,创汇多少等等。

李泽民一一做了回答。

邓小平说:"要把杭州的旅游业好好发展起来。"

发展杭州的旅游业是多年来一直萦绕在邓小平心中的一件大事。

早在1979年,邓小平就对国务院的负责同志说:"旅游事业大有文章可做,要突出地搞,加快地搞。"

改革开放以来,算上这一次,邓小平是三到杭州。每次来,他都对杭州的风景赞不绝口,他曾说过:"像杭州这样的风景旅游城市,在世界上可是不多的。""你们一定要保护好西湖名胜,发展旅游业啊!""'上有天堂,下有苏杭',杭州真是个好地方。要把西湖保护好、建设好!"

今天,看到变得更为美丽的杭州,邓小平格外高兴。他再一次把发展杭州的重点定在旅游上。

葛洪升回忆说:"到达西湖国宾馆后,我们送邓小平同志去房间休息。然后,李泽民同志和我与邓办主任王瑞林及中央警卫局领导商量邓在杭的活动安排。王瑞林同志说,邓这次是来休息,不安排工作汇报,你们可以送材料给他看。李泽民同志说是不是安排在杭州附近看一两个点,再去看看。王瑞林同志说,可以考虑安排去宁波,其他地方不安排了(他们已作了去宁波的准备。警卫局的同志也到宁波看了路线,后因天气不好而未去)。"

12 月 17 日，邓小平在李泽民、葛洪升的陪同下游览西湖。

上午 9 时，邓小平一行乘车前往西子宾馆，因为游船停在那里。一上车，邓小平兴致就特别高，他说："杭州好，这里的气候最适合我，我在这里睡得很好，起夜都没有。"

在汪庄上船时，邓小平又说："这个地方很好，我 5 年没来了。"

负责接待邓小平游湖的浙江外事旅游汽车公司游船分公司的经理刘兴民后来回忆说："那天，虽是个晴天，但天冷风寒，有些湖面还结了薄冰。上午 9 点多，我们看到从柯斯达面包车下来的是小平同志，感到分外亲切和惊喜。和小平同志一起下车的还有他的夫人和女儿。我们看到小平同志气色很好，精神和健康状况都不错，心里很高兴，都有不约而同地鼓起掌来。他老人家也不断向大家招手致意。考虑到小平同志年纪大了，事先我们搬了几张沙发到船上。小平同志风趣地说：'太低了，看不到景色。'于是又有人拿来船上普通的座椅。"

游船缓缓启动后，邓小平不时指点湖上的景色，还询问起西湖上游船、交通船的价格。

李泽民说："小平同志，我们想简要地汇报一下浙江的情况。"

邓小平点头表示同意。

葛洪升首先汇报了浙江省近几年改革开放和经济发展的情况，以及根据邓小平同志南方谈话精神加快浙江发展的打算，然后汇报了宁波的情况，重点是汇报钢厂和大榭岛开发问题。

葛洪升说："前两年浙江的经济发展缓慢，年递增只有一位数（百分之几）。小平同志南方视察讲话对我们教育鼓舞很大，经济发展速度大大加快了，1992 年国内生产总值可以比 1991 年增长两位数（百分之十几）。"

邓小平说："好啊！"

邓小平又一次谈到了要抓住机遇加快发展，话题中还谈到了香港问题。

当时，由于香港总督彭定康违背中英联合声明，搞所谓政改方案，中英在香港回归问题上斗争激烈。

葛洪升说："我刚从香港回来，我接触到的香港人绝大部分是支持我们的，和我们站在一起的。"

邓小平点了点头，坚定地说："我们集中精力把经济搞上去，他斗不过我们。"

汇报到宁波问题时，葛洪升说："小平同志很关心宁波，对宁波的对外开放和开发建设，作过许多重要指示，特别是小平同志关于要把全世界'宁波帮'都动员起来建设宁波的指示，对我们的鼓舞教育很大。"

邓小平马上接过话头说："是的，是我会见包玉刚先生时讲的。10年前，我就号召世界上的'宁波帮'来宁波、浙江投资搞建设，那个包玉刚，劲头就很大。我还要卢绪章来当你们的顾问。"

邓小平对宁波是"情有独钟"的。

1984年8月1日，邓小平在北戴河与分管对外开放工作的中央书记处书记、国务委员谷牧谈话。谈到宁波的对外开放问题，邓小平说要把全世界的"宁波帮"都动员起来，建设宁波；派经贸部顾问卢绪章去宁波，帮助搞宁波的对外开放工作；宁波的民航机场问题要解决。2个多月后，经国务院批准，设立了宁波经济技术开发区。同年，宁波还被国务院列为首批14个沿海开放城市之一。第二年的1月4日，邓小平在与谷牧的谈话中又一次说到宁波的对外开放问题。他说关于宁波的开放工作，先从解决宁波机场问题开始，并表示要支持香港环球航运集团主席、宁波籍著名实业家包玉刚出资在宁波兴办大学。此后不久，邓小平在与三位中央主要负责同志的谈话中，着重谈了宁波方面与外资合作的情况。他说要支持在宁波投资办钢厂，如果有风险，国家要与投资者分担，要使投资者有利可图；北仑港可进25万吨级轮船；要发展长江三角洲的"金三角"，如果把上海与宁波连起来，就可以解决上海的许多问题。

"当年包先生曾倡议在宁波建一座大型钢厂，由于种种原因没有办成，现在我们与宝钢商定在宁波北仑联合办一座新技术新工艺的钢厂，希望得到小平同志的支持。"葛洪升说。

邓小平高兴地说："我早就支持了。"

当葛洪升汇报到荣毅仁副委员长领导的中信公司决定成片开发大榭岛时，邓小平表现得很高兴，他赞扬荣毅仁："名声大，会办实业。"

随后，邓小平又兴致勃勃地讲述了他大胆起用懂行的人担任要职的情况。他说："建国初期我管干部，是我选拔了四川的大地主刘文辉和上海最大的民族资本家荣毅仁任中央政府的部长，一个管农业，一个管工业。实践证明，这样做是对的。他们都干得很好。"

葛洪升后来撰文说："因为小平同志耳朵不太灵，所以在我汇报的时候，邓榕同志坐在小平同志背后，我讲的话再由邓榕同志靠近小平同志的耳朵重述一遍。邓榕同志拿着一个小录音机，把小平同志谈的每一句话都录了下来，游船在西湖转了一个多小时，到湖心亭时也没有靠岸。这次游湖小平同志实际上没有观景，而是专心听我们汇报。""我汇报完了之后，李泽民同志提议我们与小平同志合影留念。小平同志说，好嘛，你们拿把椅子坐下来。李泽民说不用了。我们就站在后面。于是我们两人站在小平同志和卓琳同志（身后）合影。其实，在我们汇报和游湖的过程中，邓楠同志一直在给小平拍照，几乎把小平同志每个表情都拍了下来。邓楠说这是她的专利。逗得大家都笑了。"

这天本来还安排到湖上的几个景点去看看，原计划在三潭印月上岸，和群众见见面。后因风大、气温偏低，保卫人员担心老人家感冒而取消了。

李泽民后来也回忆说："在游艇上，小平精神很好，兴致很高，他谈吐幽默诙谐，古今中外，说了很多话，大多数跟工作有关。他详细了解了浙江改革开放以来的经济建设和社会发展情况，如国内生产总值、城乡人民收入、乡镇企业发展、利用外资、经济总量在全国的位置等等，他都问了。我们一一作答。我们向他汇报了十一届三中全会以来，浙江经过改革开放发生的巨大变化，汇报了省委学习贯彻南方讲话精神，加快经济发展工作的部署。""据我回忆，小平同志在游艇上的谈话，有四点是非常重要的。一是要抓住机遇，发展自己，不断提高综合国力；二是一定要把经济搞上去，以经济建设为中心不动摇；三是在搞好物质文明建设的同时，要搞好精神文明建设；四是面对风云变幻的国际形势，我们要冷静观察，沉着应付，少说多做，要努力把自己的事情办好，这样才能在处理复杂多变的国际事务中才有更多的发言权。"

邓小平在杭州期间，每天都要抽出几个小时的时间读文件。他虽然已从党和国家的领导岗位上退了下来，但心里依然时刻牵挂着全国人民，关注着天下大事。为了向邓小平介绍浙江省情，全面反映浙江改革开放取得的成就，浙江省委办公厅编了一份《浙江简介》送给邓小平看。邓小平看后说"搞得不错"。在临离开浙江的汽车上，他又一次对李泽民说："你们送的一些材料我看过了，浙江的发展势头不错，浙江大有希望。"

1993年1月4日，邓小平离开杭州前，要接见浙江省党政军领导和老同志。李泽民回忆说："我和葛洪升同志到西湖国宾馆1号楼接他，陪他前往会见厅。在途中的走廊上，小平同志大声对我说：'我很关注浙江的发展。浙江的发展势头是不错的。要珍惜这个好的发展机遇，保持好的发展势头。'然后，小平同志就与大家见面、合影，并和前排的人握了手。我陪他上车，还是柯斯达，还是到火车东站。我们目送他乘专列离开杭州奔赴上海。"

1月22日是农历的除夕，邓小平在上海与上海各界人士共迎新春佳节。

　　当邓小平神采奕奕地来到会见厅时，中共中央政治局委员吴邦国首先转达了江泽民总书记向小平同志的问候。江泽民同志在电话中说："我代表中央各位同志向小平同志拜年，祝小平同志健康长寿。"

　　邓小平说："请代我向江泽民同志和各位中央同志拜年。"

　　吴邦国接着说："我代表上海 1 300 万人民向小平同志拜年，祝小平同志春节好，健康长寿。""小平同志对上海工作提出：'一年变个样，三年大变样。'我们要认真学习小平同志建设有中国特色社会主义的理论和对上海工作的批示，坚定不移贯彻基本路线，加快上海发展，不辜负小平同志对上海的殷切期望。"

　　邓小平说："我向大家拜年，祝你们春节快乐，并通过你们向全体上海人民，首先是上海工人阶级拜年。上海工人阶级长期以来一直是中国工人阶级的带头羊。""希望你们不要丧失机遇。对于中国来说，大发展的机遇并不多。中国与世界各国不同，有着自己独特的机遇。比如，我们有几千万爱国同胞在海外，他们对祖国作出了很多贡献。"

　　邓小平充分肯定了上海人民去年所做的工作。他说："上海人民在1992 年做出了别人不能做到的事情。当然，走一步，回头看一下是必要的。要注意稳妥，避免大的损失。有一点小的损失不要紧。回头总结经验，改正缺点就是了。你们上海去年努力了一年，今年再努力一年，乘风破浪，脚步扎实，克服困难更上一层楼。"

　　邓小平说："实践证明，以江泽民同志为核心的党中央领导集体工作做得是好的，是可以信任的。"

　　2 月 9 日，邓小平回北京。

　　吴邦国后来回忆说："1993 年春节过了以后他回北京，我和黄菊送他走，已经送他上了火车了，已经告别过了，又把我和黄菊叫到火车上去，又谈了十分钟，谈到火车已经动了，再不下火车就把我们带到北京来了，这十分钟的时间重点就谈一个问题，就是上海不能错过机遇，上海的机遇不多，上海一定要抓住这个发展的机遇。他对我和黄菊同志说，你们要有勇气，不要在你们手上失掉机遇。当时对我们来讲感到这是一个很大的政治责任，而且是对上海的发展提出新的要求。"

1993年12月9日上午10时，邓小平又一次登上了南下上海的专列。

这是他生前最后一次外出视察。

18时15分，夜幕初降，邓小平的专列停在山东济南白马山车站。

当时的中共中央政治局委员、中共山东省委书记姜春云，山东省省长赵志浩、济南军区司令员张太恒、政治委员宋清渭登上专列，见精神饱满的邓小平已站在车厢中央等候，他们快步走上前去握住邓小平的手问候，邓小平也紧紧握住姜春云的手，用浓重的四川口音说："我很注意你们的工作，你们山东搞得好，发展快，我很放心，前几年对你们就很满意。"

邓小平对山东这几年工作的肯定和赞许，使山东省委领导同志受到了很大的鼓舞。

姜春云汇报说："省委、省政府从山东实际出发，提出了'全面开放，重点突破，梯次推进，东西结合，共同发展'的方针，在全省初步形成了多层次、多渠道、全方位的对外开放格局。山东的发展步入快车道，各项指标进入全国前几名，山东形势好。"

邓小平听得非常仔细，脸上满是笑容。看得出，他对山东的工作很满意，心情很愉快。

他们交谈不久，话题又转到了接班人问题上。

邓小平说："我对江泽民同志为核心的班子很信任，他们方向、路子正确，工作得很好，我非常放心。"

姜春云说："你接班人选得好，大家都拥护。"

"是啊，选对了，我现在比过去更放心了。"邓小平说。

接着，姜春云汇报了山东班子的情况："山东班子团结，党政军民团结。"

邓小平说:"好!团结好啊!"

14 年前,也就是 1979 年邓小平视察山东时,谈到了当时他感到最紧迫的"第一位的问题"是从中央到地方的班子问题,现在这个问题从中央到地方都已得到顺利解决,邓小平很舒心。

快分别时,姜春云、赵志浩代表省委对邓小平说:"我们希望你明年来山东多住些日子。"

"好。来了就多住些日子。我一定要还这个账,了这个心愿。"邓小平说。

列车徐徐开动。邓小平在车窗里向大家频频招手,姜春云等人也挥手向他告别,专列消失在夜幕中。

12 月 10 日清晨,专列到达了上海。

1993 年是上海有史以来在城市建设方面最大的丰收年。在这一年里,上海重大工程 23 个项目全部完成,城市基础设施建设的丰硕成果一个接着一个。这里面,有当时世界第一跨度的斜拉桥——杨浦大桥,有上海第一座五层立交桥——罗山路立交桥,有上海第一条高架道路——内环线一期工程,有上海的"生命工程"——合流污水治理一期工程。此外,吴淞大桥、江苏路拓宽工程、龙阳路立交桥、外高桥港区工程、外滩改造二期工程、凌桥水厂一期工程等 18 项重大市政工程也都按期完成。上海正在向全世界显示:它正以坚实的步伐向国际经济、贸易、金融中心挺进,长江流域的巨龙终于在太平洋西岸高高地昂起了头。

一到上海,邓小平心里放不下的还是浦东。他要亲眼看一看。

时任中共中央政治局委员、中共上海市委书记黄菊回忆说:"1994年的春节,90 高龄的小平同志一到上海第一天就要看杨浦大桥,我说你刚到。第二天,到第三天,他说,一定要去。第一、第二天天气是好的,第三天天气是蒙蒙细雨,六级风了。一早五点多他就起来,八点钟,我陪着他去。"

1994 年，邓小平最后一次在上海过春节

12 月 13 日这天，不仅下雨、刮风，气温也骤降至零摄氏度左右。邓小平在吴邦国和黄菊的陪同下乘小面包车又一次视察浦东。

邓小平乘坐的汽车经南浦大桥，驶向内环线浦东段，他在视察浦东最大的罗山路、龙阳路两座立交桥后，沿途看见了浦东热火朝天的建设景象和已经初具规模的浦东基础设施。小平同志笑吟道："喜看今日路，胜读百年书。"

女儿在边上对他说："40 年了，我还没听到过你作诗呢。"

邓小平对吴邦国、黄菊说："我这不是诗，这是出自我内心的话。"

汽车在雄伟的杨浦大桥上停下来。

还是在 1990 年 8 月 23 日南浦大桥刚刚封顶时，时任上海市市长的朱镕基就把建造杨浦大桥的任务交给了黄浦江大桥工程总指挥朱志豪。

杨浦大桥是 1991 年 5 月 1 日正式开工的。总投资 13.3 亿元人民币，比南浦大桥增加了 60％，主桥跨度比南浦大桥长 42％，主塔高度比南浦大桥高 38％，而工期要求比南浦大桥缩短 5 个月。面对时间紧、任务重的杨浦大桥的建设任务，广大造桥技术干部和工人开展劳动竞赛。指挥部将任务分配下去，分块、分段包干，哪一块、哪一段工程完成速度快、质量好，现场会就在哪里开。广大造桥工人非常珍惜荣誉，争先恐后，干得热火朝天。1992 年 2 月 7 日，邓小平视察杨浦大桥建设工地，慰问在工地上施工的造桥工人，询问大桥的建设情况，给了广大造桥工人极大的鼓舞。1993 年 9 月 20 日，仅用了 2 年零 5 个月的时间，杨浦大桥就建成了。

今天是邓小平第二次来到杨浦大桥视察。

车门打开，一阵寒风带着雨点迎面扑来。这时等候在桥上的工程建设总指挥朱志豪迎上来说："桥上风大，下雨，又冷，还是我上车向老人家汇报吧。"

邓小平不顾寒风细雨，坚持要下车。下车后，邓小平沿桥走了十几米，朱志豪在旁边汇报说，杨浦大桥是当今世界上最大的斜拉桥，并指着小平同志题写的、高高悬挂在大桥主塔上的"杨浦大桥"四个字说："你为我们大桥题写的桥名已经装到大桥上了。"

邓小平抬头望了望。

"这四个字，每个字都有 14 平方米。"朱志豪说。

站在世界第一斜拉桥上，邓小平内心充满着喜悦，他高兴地握着大桥建设总指挥朱志豪的手说："感谢上海的工程技术干部，感谢上海的造桥职工，向他们问好！""这是上海工人阶级的胜利。我向上海工人阶级致敬！"

1994 年的元旦之夜，邓小平在吴邦国、黄菊的陪同下，登上新锦江大酒店的顶层，俯瞰灯光璀璨的上海不夜城，高兴地说："上海变了。"

正在大酒店欢度节日的中外旅客意外地见到邓小平，情不自禁地长时间鼓掌，向邓小平表达敬意和问候。邓小平也笑着向中外旅客频频招手致意。

随后，邓小平还前往人如潮涌的南京路、外滩等处，与上海人民共享节日的欢乐。

2月9日上午，当邓小平得知大亚湾核电站一号机组顺利投产的消息后，十分高兴。他请李鹏转达他的祝贺，并对大亚湾核电站的建设者们、科学技术人员表示感谢。

大亚湾核电站是广东核电投资有限公司和香港核电投资有限公司合资兴建的大型核电站，装有两台从法国和英国引进的90万千瓦压水堆核电机组。大亚湾核电站1984年年初开始动工，1990年年底各主要建筑物土建工程基本完成，1994年2月1日一号机组正式投入商业运行，二号机组可望在年内投入商业运行。这座核电站全部建成后，年发电量可达100多亿千瓦时，将对广东、香港两地的经济发展和繁荣产生积极作用。

9年前，也就是在1985年1月广东核电合营合同签字时，邓小平亲自接见了该公司的港方开拓者、原香港中华电力公司董事长嘉道理勋爵，对这个改革开放的新生事物给予了充分的肯定和支持。邓小平说，中国现在实行改革开放政策，中港合营建设广东核电站是中外合资的最大一个项目，这是一件了不起的事情。不仅在建设过程中，甚至在香港回归祖国后，都会发生影响。它将使大陆和香港在经济上联系更加紧密，对两地的繁荣稳定有着特别重要的意义。邓小平还明确指出："核电站我们还是要发展。"

9年后的今天，当核电站的事业结出硕果时，这位老人由衷地高兴。

这天下午，邓小平与上海市党政军负责同志和部分老同志欢聚一堂，互致新春的祝贺和问候。

会见厅里，花满春浓。邓小平精神焕发、步履稳健，含笑走到上海的同志们面前，吴邦国、黄菊等迎上前去，向邓小平表示诚挚的祝福。

吴邦国说："我代表上海 1 300 万人民向您祝贺春节，祝您健康长寿，全家幸福！"

邓小平说："祝以江泽民同志为核心的中央领导同志春节愉快，身体健康。祝全国人民春节愉快，家庭幸福，人民团结，在新的一年里取得更大的胜利。""我一年来你们上海一次，祝上海人民春节愉快。"

吴邦国说："这是您老人家对上海人民的鼓励，对上海工作的关心和支持。"

邓小平高兴地说："你们上海的工作做得实在好。"

邓小平在上海期间，十分关心上海的两个文明建设的情况，充分肯定了上海人民在过去的一年中取得的成绩。他说："上海的工作做得很好，上海有特殊的素质、特殊的品格。上海完全有条件上得快一点。"

2 月 19 日，邓小平登上了回京的专列。

黄菊后来回忆说："1994 年小平同志最后一次来上海，回京那天，他特意把吴邦国同志和我叫上火车，殷殷嘱托：'你们要抓住 20 世纪的尾巴，这是上海的最后一次机遇。'"

下午，邓小平乘坐的专列在南京停留。

邓小平在车厢内接见了时任中共江苏省委书记陈焕友及南京军区司令员固辉、政治委员方祖岐等。

陈焕友撰文回忆说："我向小平同志汇报说，上次您跟我们讲，江苏要超过全国平均速度。我们现在已经实现了您的嘱托，全省国民生产总值 1992 年比 1991 年增长 27％，超过全国平均速度 15 个百分点，1993 年比 1992 年增长 18.5％，提前 7 年实现翻两番。小平同志听后非常高兴，连说了好几遍，好，好，祝贺你们！祝贺你们！接着小平同志语重心长地对我们说，现在是机会啊，这个机会是不多的，这个机会很难得呀！中国人这种机会有过多次，但是错过了，很可惜！你们要很好抓住。鸦片战争以来100多年，中国人一直抬不起头来，刚想抬头，帝国主义就来了。你们要发奋，把群众的积极性调动起来，聚精会神地搞建设。小平同志还批示我们说，你们发展经济，能快则快，不要搞快呀慢呀的争论。不搞争论是我的一大发明。这是小平同志最后一次给江苏人民留下的深切嘱咐。"

　　这也是邓小平给全国人民最后的嘱托。

第九章　用建设有中国特色社会主义
理论武装全党

　　邓小平南方谈话近 10 个月之后，1992 年 10 月 12 日至 18 日，中共十四大在北京召开。十四大作出三项具有深远意义的决策：一是抓住机遇，加快发展；二是确定我国经济体制改革的目标是建立社会主义市场经济体制；三是提出用邓小平建设有中国特色社会主义理论武装全党。

　　邓小平建设有中国特色社会主义理论是在改革开放和现代化建设的伟大实践中产生的，对邓小平理论的概括也是伴着这一进程逐步深化完善的。中共十三大科学总结了十一届三中全会以后 9 年的实践经验，系统地阐述了 9 年来我们党在对社会主义再认识的过程中，在哲学、政治经济学和科学社会主义等方面发挥和发展的 12 个科学理论观点。这些观点构成了建设有中国特色的社会主义理论的轮廓，初步回答了我国社会主义建设的阶段、任务、动力、条件、布局和国际环境等基本问题，规划了我党前进的科学轨道。

　　中共十三届四中全会后，以江泽民为核心的党中央在坚持社会主义初级阶段基本路线不动摇的同时，也开始逐步确立邓小平建设有中国特色社会主义理论在全党的指导地位。

　　1989 年 9 月 29 日，江泽民在庆祝中华人民共和国成立 40 周年大会上发表重要讲话，在这个被视为新一代中共中央领导集体的政治宣言书的讲话中，江泽民首次提出"邓小平同志关于建设有中国特色社会主义的理论"的概念，并指出这个理论"是指引我们继续前进的旗帜"。他说:"邓小平同志关于建设有中国特色社会主义的理论，是经过十年实践而为亿万人民所认识和接受的科学理论，是指引我们继续前进的旗帜。在整个社会主义初级阶段，我们必须坚定不移地执行党的十三大制定的基本路线。"这是在党的主要文献中，首次将邓小平的名字与建设有中国特色社会主义理论相联系，也是首次将这一理论作为指导全党前进的"旗帜"。

1990年12月召开的十三届七中全会总结了十一届三中全会以来建设有中国特色社会主义的基本理论和基本实践，提出12条根本的指导原则。这12条原则是:(1)坚持工人阶级领导的以工农联盟为基础的人民民主专政，不断完善人民代表大会制度，不断完善共产党领导的多党合作和政治协商制度，不断巩固和发展最广泛的爱国统一战线，努力加强社会主义民主和社会主义法制建设;(2)坚持把发展社会生产力作为社会主义的根本任务，专心致志地搞好现代化建设，不断提高人民的物质文化生活水平;(3)通过改革不断完善社会主义的经济、政治体制和其他领域的管理体制，充分调动中央、地方、企业和广大劳动人民的主动性、积极性和创造性;(4)采取发展对外经济贸易关系、利用外资和引进先进技术等多种形式，通过举办经济特区、经济开放区和实行必要的特殊政策和灵活措施，不断扩大对外开放;(5)坚持以社会主义公有制为主体的多种经济成分并存的所有制结构，发挥个体经济、私营经济和其他经济成分对公有制经济的有益的补充作用，并对它们加强正确的管理和引导;(6)积极发展社会主义的有计划商品经济，实行计划经济与市场调节相结合，努力促进国民经济持续、稳定、协调发展;(7)实行以按劳分配为主体、其他分配方式为补充的分配制度，允许和支持一部分人、一部分地区通过诚实劳动和合法经营先富起来，鼓励先富起来的帮助未富起来的，以利于全体人民和各个地区逐步实行共同富裕;(8)坚持以马克思列宁主

201

义、毛泽东思想为指导，继承和发扬祖国优秀文化遗产，借鉴和吸收世界上一切优秀文化成果，不断提高全民族的思想道德和科学文化素质，建设社会主义精神文明；（9）建立和发展平等互助、团结合作、共同繁荣的社会主义民族关系，坚持和完善民族区域自治制度，反对民族歧视、民族压迫和民族分裂；（10）按照"一个国家、两种制度"的构想和实践，促进祖国统一大业的逐步实现；（11）坚持独立自主的和平外交政策，在和平共处五项原则的基础上发展同一切国家的友好关系，反对霸权主义和强权政治，支持被压迫民族和被压迫人民的正义斗争，维护世界和平和促进人类进步；（12）坚持共产党的领导，不断改善党的领导制度、领导作风和领导方法，加强党的政治、思想、理论和组织建设，使党始终成为社会主义事业的坚强领导核心。

这 12 条原则的提出，标志着我们党对中国特色社会主义建设规律的认识更加深刻了。

1991 年 7 月 1 日，江泽民在庆祝中国共产党成立 70 周年大会上讲话指出，党的基本路线和这 12 条原则，总的来说，就是要通过社会主义制度的自我完善和发展，建设有中国特色社会主义的经济、政治、文化，以适应和促进社会生产力的不断发展和社会的全面进步，实现社会主义现代化。江泽民对有中国特色社会主义的经济、政治和文化这三方面各自的内容、特征和原则作了明确论断和规定：

有中国特色社会主义的经济，必须坚持以生产资料社会主义公有制为主体，允许和鼓励其他经济成分适当发展，既不能脱离生产力发展水平搞单一的公有制，又不能动摇公有制经济的主体地位，不能搞私有化；必须实行以按劳分配为主体、其他分配方式为补充的分配制度，既要克服平均主义，又要防止两极分化，逐步实现全体人民共同富裕；必须建立适应社会主义有计划商品经济发展的、计划经济与市场调节相结合的经济体制和运行机制，在国家法律法则和计划指导下发挥市场调节的积极作用，既要克服过去那种过于集中、管得过多过死的弊端，又不能过于分散和削弱宏观调控。

有中国特色社会主义的政治，必须坚持工人阶级领导的、以工农联盟为基础的人民民主专政，不能削弱和放弃人民民主专政；必须坚持和完善人民代表大会制度，不能搞西方那种议会制度；必须坚持和完善中国共产党领导的多党合作和政治协商制度，不能削弱和否定共产党的领导，不能搞西方那种多党制。

有中国特色社会主义的文化，必须以马克思列宁主义、毛泽东思想为指导，不能搞指导思想的多元化；必须坚持为人民服务、为社会主义服务的方向和"百花齐放、百家争鸣"的方针，繁荣和发展社会主义文化，不允许毒害人民、污染社会和反社会主义的东西泛滥；必须继承和发扬民族优秀传统文化而又充分体现社会主义时代精神，立足本国而又充分吸收世界文化优秀成果，不允许搞民族虚无主义和全盘西化。

经过十三大、十三届七中全会和江泽民"七一"讲话这三次从理论上作出的总结和概括，中国特色社会主义理论的基本框架已经形成，其轮廓清晰可见。

江泽民在十四大上作《加快改革开放和现代化建设步伐，夺取有中国特色社会主义事业的更大胜利》报告，报告对邓小平提出的建设有中国特色社会主义理论的主要内容，从9个方面做了新的概括，使人们对这个理论的完整科学体系有一个更清晰的认识。

报告指出：我们党所以能够取得这样的胜利，根本原因是在14年的伟大实践中，坚持把马克思主义基本原理同中国具体实际相结合，逐步形成和发展了建设有中国特色社会主义的理论。从《共产党宣言》发表以来一百几十年间，俄国十月革命、中国革命和其他一些国家革命的胜利，证明无产阶级领导人民夺取政权是能够成功的。至于如何建设社会主义，也取得了巨大成就和宝贵经验，但是总的来说还需要很好的探索。近几年国际上发生的急剧变化，使这个问题更加引人深思。中国共产党历来坚持独立自主地进行革命和建设，历来认为中国社会主义的命运归根到底取决于我们自己，取决于党的理论和路线，取决于党同人民的团结奋斗。14 年来，社会主义在中国的新局面和新成就，更使我们从历史的比较和国际的观察中认识到，我们党建设有中国特色社会主义的理论是正确的，是符合最广大人民的利益和要求的。这个理论，第一次比较系统地初步回答了中国这样的经济文化比较落后的国家如何建设社会主义、如何巩固和发展社会主义的一系列基本问题，用新的思想、观点，继承和发展了马克思主义。

建设有中国特色社会主义理论的主要内容是：

在社会主义的发展道路问题上，强调走自己的路，不把书本当教条，不照搬外国模式，以马克思主义为指导，以实践作为检验真理的唯一标准，解放思想，实事求是，尊重群众的首创精神，建设有中国特色的社会主义。

在社会主义的发展阶段问题上，作出了我国还处在社会主义初级阶段的科学论断，强调这是一个至少上百年的很长的历史阶段，制定一切方针政策都必须以这个基本国情为依据，不能脱离实际，超越阶段。

在社会主义的根本任务问题上，指出社会主义的本质是解放生产力，发展生产力，消灭剥削，消除两极分化，最终达到共同富裕。强调现阶段我国社会的主要矛盾是人民日益增长的物质文化需要同落后的社会生产之间的矛盾，必须把发展生产力摆在首要位置，以经济建设为中心，推动社会全面进步。判断各方面工作的是非得失，归根到底，要以是否有利于发展社会主义社会的生产力，是否有利于增强社会主义国家的综合国力，是否有利于提高人民的生活水平为标准。科学技术是第一生产力，经济建设必须依靠科技进步和劳动者素质的提高。

在社会主义的发展动力问题上，强调改革也是一场革命，也是解放生产力、是中国现代化的必由之路，僵化停滞是没有出路的。经济体制改革的目标，是在坚持公有制和按劳分配为主体、其他经济成分和分配方式为补充的基础上，建立和完善社会主义市场经济体制。政治体制改革的目标是以完善人民代表大会制度、共产党领导的多党合作和政治协商制度为主要内容，发展社会主义民主政治。同经济、政治的改革和发展相适应，以"有理想、有道德、有文化、有纪律"为目标，建设社会主义精神文明。

在社会主义建设的外部条件问题上，指出和平与发展是当代世界两大主题，必须坚持独立自主的和平外交政策，为我国现代化建设争取有利的国际环境。强调实行对外开放是改革和建设必不可少的，应当吸收和利用世界各国包括资本主义发达国家所创造的一切先进文明成果来发展社会主义，封闭只能导致落后。

在社会主义建设的政治保证问题上，强调坚持社会主义道路、坚持人民民主专政、坚持中国共产党的领导、坚持马克思列宁主义毛泽东思想。这四项基本原则是立国之本，是改革开放和现代化建设健康发展的保证，又从改革开放和现代化建设获得新的时代内容。

在社会主义建设的战略步骤问题上，提出基本实现现代化分三步走。在现代化建设的长过程中要抓住时机，争取出现若干个发展速度比较快、效益又比较好的阶段，每隔几年上一个台阶。贫穷不是社会主义，同步富裕又是不可能的，必须允许和鼓励一部分地区一部分人先富起来，以带动越来越多的地区和人们逐步达到共同富裕。

在社会主义的领导力量和依靠力量问题上，强调作为工人阶级先锋队的共产党是社会主义事业的领导核心，党必须适应改革开放和现代化建设的需要，不断改善和加强对各方面工作的领导，改善和加强自身建设。执政党的党风，党同人民群众的联系，是关系党生死存亡的问题。必须依靠广大工人、农民、知识分子，必须依靠各民族人民的团结，必须依靠全体社会主义劳动者、拥护社会主义的爱国者和拥护祖国统一的爱国者的最广泛的统一战线。党领导的人民军队是社会主义祖国的保卫者和建设社会主义的重要力量。

在祖国统一的问题上，提出"一个国家、两种制度"的创造性构想。在一个中国的前提下，国家的主体坚持社会主义制度，香港、澳门、台湾保持原有的资本主义制度长期不变，按照这个原则来推进祖国和平统一大业的完成。

建设有中国特色社会主义的理论还有其他许多内容，还要在研究新情况、解决新问题的过程中，在实践检验中继续丰富、完善和发展。

在建设有中国特色社会主义理论的指导下，我们党形成了社会主义初级阶段的基本路线，这就是：领导和团结全国各族人民，以经济建设为中心，坚持四项基本原则，坚持改革开放，自力更生，艰苦创业，为把我国建设成为富强、民主、文明的社会主义现代化国家而奋斗。"一个中心、两个基本点"，是这条路线的简明概括。同这条路线相适应，我们党还形成了包括经济、政治、科技、教育、文化、军事、外交等各方面的一整套方针政策。这条路线和这些方针政策也都要在实践中继续丰富、完善和发展。

建设有中国特色社会主义的理论，是在和平与发展成为时代主题的历史条件下，在我国改革开放和社会主义现代化建设的实践过程中，在总结我国社会主义胜利和挫折的历史经验并借鉴其他国家社会主义兴衰成败历史经验的基础上，逐步形成和发展起来的。它是马克思列宁主义基本原理与当代中国实际和时代特征相结合的产物，是毛泽东思想的继承和发展，是全党全国人民集体智慧的结晶，是中国共产党和中国人民最可珍贵的精神财富。邓小平同志是我国社会主义改革开放和现代化建设的总设计师。他尊重实践，尊重群众，时刻关注最广大人民的利益和愿望，善于概括群众的经验和创造，敏锐地把握时代发展的脉搏和契机，既继承前人又突破陈规，表现出了开辟社会主义建设新道路的巨大政治勇气和开拓马克思主义新境界的巨大理论勇气，对建设有中国特色社会主义理论的创立做出了历史性的重大贡献。

党的十四大通过关于《中国共产党章程（修正案）》的决议。修改后的党章写入了建设有中国特色社会主义理论和党在社会主义初级阶段的基本路线，明确规定：建设有中国特色社会主义的理论，阐明了在中国建设社会主义、巩固和发展社会主义的基本问题，继承和发展了马克思主义，是引导中国社会主义事业不断前进的指针。

第十章 "这是个政治交代的东西"

　　1992 年 10 月，党的十四大提出了用邓小平建设有中国特色社会主义的理论武装和统一全党思想的战略任务。战略任务提出来了，拿什么做教材呢？最好的教材当然是邓小平本人的著作。这样，尽快编辑和出版新一卷《邓小平文选》成为全党强烈的呼声。于是，中共中央决定，编辑和出版《邓小平文选》第三卷。

　　12 月 8 日，邓小平同志办公室通知中共中央文献研究室，同意编辑出版《邓小平文选》第三卷，同时确定了编辑组组成人员和具体负责人。编辑组由中共中央文献研究室的一些同志参加，具体负责人是郑必坚、逄先知、龚育之。

　　郑必坚，时任中共中央宣传部副部长；

　　逄先知，时任中共中央文献研究室主任；

　　龚育之，时任中共中央党校副校长。

　　在此之前，《邓小平文选》已经出过两卷，1989 年出版的《邓小平文选（1938—1965)》，主要是邓小平在革命战争年代和中华人民共和国成立后 17 年间的主要著作。1983 年出版的《邓小平文选（1975—1982)》，主要是邓小平 1975 年领导整顿到十二大以前的著作，是在党的指导思想上完成拨乱反正和改革开放起步阶段的著作。

　　逄先知回忆说：在《邓小平文选》第三卷出版之前，就已经出版了邓小平的著作集，第一本是 1983 出版的《邓小平文选（1975—

1983 年 7 月 1 日,《邓小平文选（1975—1982）》出版发行

1982)》,后来称第二卷。当时为什么出这本书呢？因为三中全会以后,我们执行了新的路线,这条路线需要在广大党员干部中宣传普及,也要教育人民。当时就有好多群众来信,要求出版小平同志的著作,中央采纳了意见,就决定用中共中央文献编辑委员会的名义出版一本书,这本书是在 1983 年出版的,内容包括从 1975 年到 1982 年,也就是从"文革"当中小平同志全面抓整顿到十二大提出建设有中国特色社会主义这个主题思想期间的一些主要的著作。出版以后,很快地就形成了学习小平同志著作的高潮。这部书当时印了 3 000 万册,对于把全党的思想统一到三中全会以来的路线、方针、政策上来,起了非常大的作用。后来到 1989 年又出了邓小平的第二本著作集,就是《邓小平文选》第一卷。这一卷内容包括从抗日战争到"文革"（1965 年）邓小平的主要著作,时间跨度是比较大的,这是第二本。这两本著作的出版,都经过了小平同志的审定。在这中间还出了两

本，一本是《建设有中国特色的社会主义》，收集了从十二大以来到 1986 年这一段时期小平同志的一些著作，小平同志对这本书还是很感兴趣的，多次跟外宾谈到它。后来又出版了《邓小平同志重要谈话》，是 1987 年 2 月到 7 月这一版。这两卷书、两本文选，还有小册子对宣传邓小平同志建设有中国特色社会主义理论起了很大的作用。1994 年党的十四大召开，确定要用邓小平建设有中国特色社会主义理论武装全党。那么要武装全党必须要有教材，什么教材呢？就是要出版《邓小平文选》第三卷。

《邓小平文选》第三卷是邓小平同志 1982 年 9 月至 1992 年 2 月这段时间内的重要著作，共 119 篇。其中很大一部分是第一次公开发表的作品。曾经在《建设有中国特色的社会主义》（增订本）、《邓小平同志重要谈话（1987 年 2 月—7 月）》等小册子和报纸上发表过的作品，这次编入文选时又做了文字整理，其中许多篇根据记录稿增补了重要内容。

逄先知回忆说：《邓小平文选》第三卷的编辑出版是在小平同志的直接指导下进行的，从 1993 年 5 月初到 1993 年 9 月初，还不到 5 个月的时间。小平同志当时 89 岁了，我记得那一年天气特别热，小平同志以 89 岁的高龄，冒着酷暑，逐篇逐篇地审读他的文稿。当时我们文稿一共分了 14 批，一批一批送给他看。开始的时候，先送一部分文稿给他看。小平同志看了以后，他说文字上还要加工，还不行。他说，"你们要在内容方面、文字方面很好地仔细地推敲"。根据小平同志的指示，编辑组就先整理出 3 篇文稿送给小平同志看。小平同志看了以后很满意，他说整理得很好，文字、内容都挺好的。我记得当时王瑞林同志给我们传达，第一句话就说："好消息，老人家看了很满意。"这对我们编辑组的同志是很大的鼓舞。然后接着写第二批，小平同志说也很好，叫我们就这么干。小平同志这两次指示对于编辑组的工作是很大的鼓舞，大家热情很高，后来把文稿一批一批地送给小平看。

在编辑过程当中，小平同志讲了很多重要的意见。他这些意见、这些指示，我认为对"邓选"第三卷的编辑工作起了关键的作用，同时对我们理解第三卷的内容有很重要的帮助。他的意见归纳起来有两点：第一，文选的文字、内容和逻辑都有严格的要求，他要求一定要在文字上、内容上、逻辑上非常准确、非常严密。第二，小平同志在编辑过程中非常注意他的书的思想连贯性问题。他说，"我主要想看看这本书是不是连贯"。我体会，思想连贯性，它恰恰是一个科学思想体系的重要表现。连贯才能成为科学体系，不连贯就不能成为科学体系。第三卷确实是连贯的。他叫我们注意这个问题，他自己也注意这个问题。

第三卷哪一篇做结束篇？他说用南方谈话作为最后一篇好，这样逻辑比较清楚。"邓选"三卷，开卷篇是十二大，十二大的开幕词，提出建设有中国特色社会主义这样一个主题思想。南方谈话是邓小平有中国特色社会主义理论的全面展开和系统总结。从十二大开幕词到南方谈话，恰恰是非常完整的一个思想体系。这三点就是他在编辑工作当中的指示。

小平同志怎么评价三卷呢？我可以把它归纳成几条：第一，首先他读了差不多一半以后，认为这部书有针对性，就是武装全党和教育人民正用得着，确实是最好的一个教材。第二，他说这是一个比较好的书，没有空话，内容非常丰富，非常深刻。第三，他说他讲的这些都不是从小的角度讲的，是从大局讲的。这个话我觉得讲得很深刻了。因为你看三卷也好，二卷也好，邓小平讲的问题，都是带有方向性的问题，都是根本性的问题，无论是国际的还是国内的，都不是枝枝节节的问题，都是实际问题。第四，他说这部书实际上是个政治交代。我觉得内涵非常深刻，他把它看成政治交代。就是说这个东西是他奉献给我们党、奉献给全国人民、奉献给下一代的，就是要我们今后沿着这个路子走。他曾经说过，编完了以后要分送给一些中央领导同志和有关同志看一看，他讲的这些问题都是我们做的事，不能动摇，就是这条路线不能动摇。他担心不知不觉地动摇了，所以他的政治交代，就是要我们坚持党的基本路线一百年不动摇。所以江泽民同志曾经也讲过，他说《邓小平文选》第三卷的出版，表现了老一辈革命家对后辈的殷切期望。

郑必坚回忆说：1993 年，邓小平同志办公室正式通知，当然也是中央的决定了，就是要我、逄先知、龚育之三个人负责邓选第三卷的编辑工作，当然还有文献研究室的一些同志参加。所以从 1993 年春天就算正式开始，14 批一共 118 篇，加上十二大开幕词一共 119 篇，大体 25 万字。

《邓小平文选》第三卷有什么特殊的重要性呢？我举一个开卷篇，一个终卷篇，就可以看出它的特殊重要性。开卷篇是十二大开幕词，这篇原来是二卷的结尾，后来我们建议把它放在三卷开头，邓小平同意了。这一点很重要，怎么重要呢？十二大开幕词是我们党在代表大会上第一次正式地、明确地提出来走自己的路，建设有中国特色的社会主义，这是我们党总结长期历史经验得出的基本结论。这个意义在什么地方呢？就是一下子把这个旗帜很鲜明地举起来了，走自己的路，建设有中国特色的社会主义，这是一个特殊的、重要的标志。终卷就是南方谈话。意义在什么地方呢？就是总结了我们探索建设有中国特色社会主义的经验，而且有针对性地回答了长期困扰我们的一系列的模糊认识或者说是错误认识，由此就开辟了又一个新的阶段。

当时我们还向他报告，说在南方谈话之后，还有一些谈话，而且也做了报导，怎么办？他意见很明确，就是以南方谈话作为终卷，他说，就是这样好，段落清楚。怎么叫段落比较清楚？我理解，南方谈话作为老人家带有总结性的理论思考，是一个纲领性的东西，作为结尾，段落清楚。所以，一头一尾可以看出三卷的重要性，就是建设有中国特色的社会主义，全面展开实践探索、理论思考和经验的总结，形成了三卷非常丰富的、非常重要的、有现实意义又有长远意义的一个总结。这是我想说的三卷的特殊重要性。

关于小平同志对三卷的自我评价，是这样的：他（邓小平）在看了14批送审稿之后说，这本书有针对性，教育人民正好用得着。另外，他说这个讲的都是我们一直在做的事，所以它是一个政治交代。他说他很严肃地把它送给中央的一二十位同志看，征求意见，为什么呢？就是因为它是一个政治交代的东西，就是希望这个东西不要动摇，一定不要动摇。再一个，他说他讲的都不是从小的角度讲的，而是从大局讲的。"邓选"三卷一个很鲜明的特点，就是直接指导眼前的事情，而且还要指导今后，当然指导今后这一点也是直接的，这一点我也觉得是特殊的重要性。另外他说不要动摇，这是政治交代，含义很深。我还想特别说一下，他自我评价里边的这句话，就是"都不是从小的角度讲的，而是从大局讲的"这句话。从小的角度来看问题还是从大局来看问题，我觉得这对小平同志来说恐怕是他毕生经验之谈。小平这句很朴实的话，含义太深了。怎么叫大局，怎么看大局，三卷有明确的话：两个大局，国际大局，国内大局。这是他明确讲的，他就是这么来看问题的。

那么什么叫国际大局呢？国际大局就是要把握住时代的特征，要把握住国际形势的特点，他的概括就是和平与发展成为时代全局性的最大的战略问题。国内大局是什么？基本国情是社会主义初级阶段、改革开放。这是贯彻全篇的最明确的结论。两个大局围绕一个什么问题呢？从国家的需要来说就是怎么来发展，从理论上来说就是什么是社会主义、怎样建设社会主义这个中心题目。围绕这个中心题目进行两个大局的观察，结论是什么呢？就是我们中国特色社会主义是坚持不断发展生产力的社会主义，或者说是不断发展生产力的社会主义。再一个就是我们坚持或者说是主张和平的社会主义。小平同志丰富了社会主义这个概念，我们可以从多方面来概括，但是我以为《邓小平文选》第三卷里边有两个大局：第一，和平与发展是时代的最大的全局性的问题，我们坚持和平，主张和平。第二，我们的国内大局要从国情出发、从初级阶段的实际出发进行改革开放。中心问题是注重不断发展社会生产力。所以两个大局、两方面的社会主义，合起来就是有中国特色的社会主义。

龚育之回忆说："建设有中国特色社会主义"这句话是邓小平十二大开幕词里说的，我想这是贯彻整个十二大精神的一个画龙点睛之笔，把十二大整个一条龙画出来了。有了邓小平这个点睛之笔，这个龙就活了。

编《邓小平文选》时，小平同志说毛泽东是编四卷，这当然是讲建国以前了，他说自己的就只编三卷，这三卷终结在南方谈话一百年不动摇这篇讲话上。编三卷的时候，把十二大开幕词挪过来，也是征得他同意的。

三卷编出来后，他（邓小平）还专门给郑必坚、逄先知和我三个人写了一封信，约我们去照相。他说这件事情完成了，他当然也很高兴，所以说去照个相吧，但是也没有定什么时候，他那么大年龄也不好催促他。那天早上他突然说，把这几个人找来。他还写了几个人的名字，说，这几个人为三卷的编辑做了不少工作，把他们找来照个相，留个纪念。但是那天我到了海南岛，邓小平早上做的决定，所以我没有办法回来，失去了这么重要的和邓小平同志一起照相的机会，非常遗憾。

1993 年 5 月 4 日，邓小平初审了编辑组报送的拟收入《邓小平文选》第三卷的部分文稿。他指出：这部分内容不少，可以编一本好书出来。但要加工，要仔细推敲。现在有些东西没有理清楚，看起来费劲，那本《建设有中国特色的社会主义》小本本，大概占 1/3，文字上要下功夫。不成熟的东西，连贯得不好的东西，解释得不清楚的东西，宁可不要。

5月25日，邓小平开始逐篇审阅编辑组报送的拟收入《邓小平文选》第三卷的文稿整理稿。

邓小平与参与编辑《邓小平文选》第三卷的部分工作人员合影留念

6月11日，邓小平审阅编辑组报送的《我们对香港问题的基本立场》整理稿，这篇文稿是根据1982年9月24日邓小平会见英国首相撒切尔夫人时的谈话记录的。邓小平指出：这篇文章要加一个长一点的、详细一点的注释。注释要把中英关于香港问题谈判的过程、谈判的主要点都反映出来，要写明中国的意见是撒切尔夫人及英方参加会谈的人表示接受了的。当时谈判谈得很细，谈到驻军的问题。我说，中国对香港行使主权，表现的形式主要是驻军。后来又为一个很小的问题争了起来，就是双方今后在什么地方进行磋商。我说，可以在伦敦、北京、香港三个地方轮流进行。这些问题英方后来都表示接受了。所以，外国人说我敏锐。基本法也是在双方达成谅解和几个协议的基础上才搞成的，英国也同意了。可以把整个中英谈判的过程搞个备忘录，写啰唆一点不要紧，找个合适的时机发表，配合当前的斗争。要让大家知道，是英方不守信义，我们是守信用的。在这个问题上，可以做一篇好文章。

根据邓小平的意见，《邓小平文选》第三卷对香港问题做了一个详细的注释（见《邓小平文选》第三卷注［10］）。

在这年的 9 月 24 日，根据邓小平的意见，为配合当时的斗争形势，《我们对香港问题的基本立场》在《人民日报》首次公开发表。

7 月 7 日，邓小平审阅了编辑组报送的拟收入《邓小平文选》第三卷的几篇文稿整理稿。邓小平说："这本书有针对性，教育人民，现在正用得着。不管对现在还是对未来，我讲的东西都不是从小角度讲的，而是从大局讲的。"邓小平对送审报告中提出的以南方谈话作为《邓小平文选》第三卷终卷篇的意见表示："编到南方谈话为止，这样好，段落比较清楚。看来有些地方重复还是需要的。希望编辑人员要加加班，速度快点，争取早点出。"

和往年不一样，这年的夏天，邓小平没有去北戴河休息，他把主要的精力投入审阅《邓小平文选》第三卷的文稿上，他一再催促编辑组要加快进度，争取早日出版。

8 月 17 日，邓小平审阅完拟收入《邓小平文选》第三卷的一批文稿整理稿后说："我主要看能不能连贯起来。"他还说："这是一本比较好的书，没有空话，要快出。"

一个星期后，8 月 24 日，他又审阅了编辑组报送的《邓小平文选》第三卷的部分文稿整理稿。他对有关负责同志提出：文选印成清样后，发一二十位同志看看，请他们提意见。他还指出：实际上，这是个政治交代的东西。

9 月 3 日，邓小平审阅了编辑组报送的拟收入《邓小平文选》第三卷的最后一批文稿整理稿。他在审阅完最后一篇整理稿后说："大功告成!"对南方谈话的最后一段①,他说"这个结尾不错"。

9月27日,邓小平审阅编辑组报送的《邓小平文选》第三卷编辑工作总结报告,编辑组在报告中汇报了《邓小平文选》第三卷在编辑过程中征求有关方面意见的情况,以及作了哪些修改等;同时提出准备在1994年对已出版的《邓小平文选(1938—1965)》《邓小平文选(1975—1982)》两卷重新修订出版。邓小平作出批示:"我都同意。"他同有关负责人说:"算完成了一件事。我的文选第三卷为什么要严肃地多找点人看看,就是因为其中讲到的事都是我们一直在做的事,不能动摇。就是要坚持,不能改变这条路线,特别是不能使之不知不觉地动摇,变为事实。"

《邓小平文选》第三卷以《中国共产党第十二次全国代表大会开幕词》为开卷篇,以1992年1月18日至2月21日《在武昌、深圳、珠海、上海等地的谈话要点》为结束篇。这本文选的时间跨度为10年。在开卷篇十二大开幕词中,邓小平提出了认识"我国社会主义建设规律"的问题,提出了"走自己的道路,建设有中国特色的社会主义",形成这10年中邓小平全部理论和实践的主题。终卷篇南方谈话,则是这十几年中邓小平全部理论思考的总结、展开、发挥、深化,并且成为代表建设有中国特色社会主义科学理论体系的纲领性文献。南方谈话的基本观点不仅与1989年以来小平同志同中央负责同志的6次谈话(《组成一个实行改革的有希望的领导集体》《第三代领导集体的当务之急》《改革开放政策稳定,中国大有希望》《国际形势和经济问题》《善于利用时机解决发展问题》《总结经验,使用人才》)相连贯,而且在第三卷全书中都一以贯之。

---

① "我们要在建设有中国特色的社会主义道路上继续前进。资本主义发展几百年了,我们干社会主义才多长时间!何况我们自己还耽误了二十年。如果从建国起,用一百年时间把我国建设成中等水平的发达国家,那就很了不起!从现在起到下世纪中叶,将是很要紧的时期,我们要埋头苦干。我们肩膀上的担子重,责任大啊!"

邓小平的论述有着逻辑缜密的连贯性。这种连贯性，正是理论思考形成一定的科学思想体系的一种表现。《邓小平文选》三卷从开篇到终篇，主题鲜明，内容不断展开，思想不断深化，对规律的认识越来越丰富和深刻。全书思路连贯，一气呵成，读来有如读一篇文章。

11 月 2 日，《邓小平文选》第三卷由中共中央文献编辑委员会编辑、人民出版社出版。同日，中共中央作出《关于学习〈邓小平文选〉第三卷的决定》（本章简称《决定》）。

《决定》指出：《邓小平文选》第三卷的出版，为落实用邓小平建设有中国特色社会主义的理论武装全党，统一全党思想，教育干部和人民，提供了最好的教材和最有力的武器。从现在起，要把学习《邓小平文选》第三卷摆在党的思想建设和干部理论教育的主要地位。

同日，中共中央举行学习《邓小平文选》第三卷学习报告会。江泽民在会上发表讲话指出：《邓小平文选》第三卷出版发行，是我们党和国家政治生活中的一件大事。三卷《邓小平文选》是个整体。第三卷同十年前出版的第二卷汇集了邓小平同志在形成和发展建设有中国特色社会主义理论过程中的最重要最富有独创性的著作。它内容丰富，博大精深，洋溢着鲜明的时代精神与民族精神，闪耀着马克思主义真理的灿烂光辉。建设有中国特色社会主义理论，是马克思主义同中国实际相结合的最新成果，是当代中国的马克思主义。中央号召全党在改革开放和社会主义现代化建设的新形势下，努力学习《邓小平文选》第三卷，把十四大提出的用建设有中国特色社会主义理论武装全党的任务认真落到实处。随后，中共中央举办了四期省部级主要领导干部学习《邓小平文选》第三卷的活动。

继《邓小平文选》第三卷之后，1989 年出版的《邓小平文选（1938—1965）》和 1983 年出版的《邓小平文选（1975—1982）》，经邓小平同意，中共中央文献编辑委员会对这两卷进行增订和修补，改称《邓小平文选》第一卷、第二卷，于 1994 年 11 月 2 日由人民出版社出版了第二版。

《邓小平文选》第二、三卷是一个整体，它立足的基础是党和人民的崭新实践，展现了建设有中国特色社会主义理论体系逐步形成的历史全貌，是对马列主义、毛泽东思想的继承和发展，是中国共产党和中华民族宝贵的精神财富，是当代中国的马克思主义的奠基之作。

1982年以来这10年，是我们党领导全国各族人民全面开创改革开放和社会主义现代化建设新局面的10年，是在建设有中国特色社会主义道路上不断探索前进、不断积累经验的10年，也是经历了国内风波和国际局势巨大变动的10年。

《邓小平文选》第三卷，就是邓小平建设有中国特色社会主义理论日益丰富完善和继续发展的10年。《邓小平文选》第三卷是这10年历史的生动记录，是这10年形成的新的理论成果。

伟大的革命实践需要伟大的革命理论，伟大的革命理论指导伟大的革命实践。在中国，建设社会主义，巩固和发展社会主义，是一项前无古人的全新的事业，它呼唤着新的理论创造。

邓小平是我国社会主义改革开放和现代化建设的总设计师，是建设有中国特色社会主义理论这一当代中国马克思主义的创立者。在改革开放和社会主义现代化建设的历史新时期，作为我们党的第二代领导集体的核心，他最突出的贡献就在于，不仅领导我们的党和国家从"文化大革命"造成的深重灾难中走了出来，而且还以对当代中国和世界的深刻了解，为党和国家重新走在时代潮流前面，为中华民族以更强大的力量自立于世界民族之林，规划了崭新的和切合实际的宏伟蓝图。他立足中国大地而又面向世界，正视国情现实而又放眼未来，在研究新情况、解决新问题的过程中，高瞻远瞩地构思和设计了有中国特色社会主义的一整套发展战略，第一次比较系统地初步回答了中国这样的经济文化比较落后的国家如何建设社会主义、如何巩固和发展社会主义的一系列基本问题。他在领导我国人民进行改革开放和社会主义现代化建设的伟大实践中，进行艰辛的、锲而不舍的理论探索，使马克思主义理论在当代中国进入了新境界，达到了新高度，实现了马克思主义和中国实际相结合的又一次历史性飞跃。

所以，《邓小平文选》第三卷的编辑和出版，正如江泽民同志所说的，表达了"老一辈无产阶级革命家对后辈的殷切期望和谆谆嘱托"。这是历史性的嘱托，是面向现实、面向 21 世纪的历史嘱托。

理论思维的成熟是党成熟的一个重要标志。毛泽东曾经指出："主义譬如一面旗子。"中国共产党成立之初，就郑重地把马克思列宁主义写在自己的旗帜上。经过延安整风和党的七大，又郑重地把马克思列宁主义与中国革命的实践之统一的思想——毛泽东思想写到自己的旗帜上。

1982 年 9 月 1 日，邓小平在中国共产党第十二次全国代表大会上提出了建设有中国特色社会主义这一理论命题。他说："把马克思主义的普遍真理同我国的具体实际结合起来，走自己的道路，建设有中国特色的社会主义，这就是我们总结长期历史经验得出的基本结论。"

十二大以后，邓小平在我国改革开放和现代化建设的实践中不断丰富和发展这一思想。

1987 年 10 月召开的中国共产党第十三次代表大会的政治报告，系统阐明了社会主义初级阶段的理论和党在初级阶段的基本路线。报告指出：我国社会已经是社会主义社会，但还处在社会主义的初级阶段。正确认识这一国情，是建设有中国特色社会主义的首要问题，也是我们制定和执行正确的基本路线及其政策的基本依据。基于我国正处于社会主义初级阶段这个理论，大会明确概括和全面阐发了党在初级阶段的基本路线，即领导和团结全国各族人民，以经济建设为中心，坚持四项基本原则，坚持改革开放，自力更生，艰苦创业，为把我国建设成为富强、民主、文明的社会主义现代化国家而奋斗。这条基本路线被称为"一个中心，两个基本点"，即以经济建设为中心，坚持四项基本原则,坚持改革开放。

十三大宣布,中国共产党在实现马克思主义与中国实际相结合的第二次历史性的飞跃中找到了一条建设有中国特色的社会主义道路,即在改革开放中实现中国社会主义现代化的道路。

到1992年邓小平南方谈话和十四大召开前,建设有中国特色社会主义的理论进一步系统化,以江泽民为核心的党的第三代领导集体作出了用这一理论武装全党的决定。

1992年10月12日,江泽民在十四大的报告中指出:建设有中国特色的社会主义理论,是马克思主义同中国实际相结合的最新成果,是当代中国的马克思主义,是指引我们实现新的历史任务的强大思想武器。学习马克思列宁主义毛泽东思想,中心内容是学习建设有中国特色社会主义的理论。党员领导干部首先是高级干部要带头学好用好。不仅要学习邓小平同志的战略思想和理论观点,更要学习他运用马克思主义的立场、观点和方法研究新情况、解决新问题的科学态度和创造精神,坚持用邓小平同志建设有中国特色社会主义理论武装全党。

1997年2月19日,邓小平逝世。党的《告全党全军全国各族人民书》和江泽民在邓小平追悼大会上所致的悼词中,更加明确地指出,邓小平建设有中国特色社会主义的理论"是中国共产党的指导思想和中华民族的精神支柱",号召全党、全国人民要"更高地举起邓小平建设有中国特色社会主义理论的伟大旗帜"。

同年9月,党的第十五次全国代表大会召开。党的十五大把邓小平建设有中国特色社会主义理论概括为邓小平理论。党的十五大的主题是:高举邓小平理论伟大旗帜,把建设有中国特色社会主义事业全面推向21世纪。党的十五大报告阐明了邓小平理论的历史地位和指导意义:

在社会主义改革开放和现代化建设的新时期,在跨越世纪的新征途上，一定要高举邓小平理论的伟大旗帜，用邓小平理论来指导我们整个事业和各项工作。这是党从历史和现实中得出的不可动摇的结论。

中国共产党是非常重视理论指导的党。中国人民找到了马克思列宁主义，中国革命的面貌为之一新。马克思列宁主义同中国实际相结合有两次历史性飞跃，产生了两大理论成果。第一次飞跃的理论成果是被实践证明了的关于中国革命和建设的正确的理论原则和经验总结，它的主要创立者是毛泽东，我们党把它称为毛泽东思想。第二次飞跃的理论成果是建设有中国特色社会主义理论，它的主要创立者是邓小平，我们党把它称为邓小平理论。这两大理论成果都是党和人民实践经验和集体智慧的结晶。

党从诞生之日起，就把马克思列宁主义确立为自己的指导思想。经过遵义会议和延安整风，党的七大又把马克思列宁主义的理论与中国革命的实践之统一的思想——毛泽东思想，确立为党的指导思想。这是总结建党 24 年经验作出的历史性决策。现在，在十一届三中全会和十二大、十三大、特别是十四大的基础上，中央建议十五大在党章中把邓小平理论确立为党的指导思想，明确规定：中国共产党以马克思列宁主义、毛泽东思想、邓小平理论作为自己的行动指南。这是我们党经过近 20 年改革开放和社会主义现代化建设的成功实践作出的历史性决策。作出这个决策，表明中央领导集体和全党把邓小平开创的建设有中国特色社会主义事业全面推向新世纪的决心和信念，也反映了全国人民的共识和心愿。

实践证明，作为毛泽东思想的继承和发展的邓小平理论，是指导中国人民在改革开放中胜利实现社会主义现代化的正确理论。在当代中国，只有把马克思主义同当代中国实践和时代特征结合起来的邓小平理论，而没有别的理论能够解决社会主义的前途和命运问题。邓小平理论是当代中国的马克思主义，是马克思主义在中国发展的新阶段。

邓小平理论之所以能够成为马克思主义在中国发展的新阶段，是因为：

第一，邓小平理论坚持解放思想、实事求是，在新的实践基础上继承前人又突破陈规，开拓了马克思主义的新境界。实事求是是马克思列宁主义的精髓，是毛泽东思想的精髓，也是邓小平理论的精髓。1978 年邓小平《解放思想，实事求是，团结一致向前看》这篇讲话，是在"文化大革命"结束以后，中国面临向何处去的重大历史关头，冲破"两个凡是"的禁锢，开辟新时期新道路、开创建设有中国特色社会主义新理论的宣言书。1992 年邓小平南方谈话，是在国际国内政治风波严峻考验的重大历史关头，坚持十一届三中全会以来的理论和路线，深刻回答长期束缚人们思想的许多重大认识问题，把改革开放和现代化建设推进到新阶段的又一个解放思想、实事求是的宣言书。在走向新世纪的新形势下，面对许多我们从来没有遇到过的艰巨课题，邓小平理论要求我们增强和提高解放思想、实事求是的坚定性和自觉性，一切以是否有利于发展社会主义社会的生产力、有利于增强社会主义国家的综合国力、有利于提高人民的生活水平这"三个有利于"为根本判断标准，不断开拓我们事业的新局面。

第二，邓小平理论坚持科学社会主义理论和实践的基本成果，抓住"什么是社会主义、怎样建设社会主义"这个根本问题，深刻地揭示社会主义的本质，把对社会主义的认识提高到新的科学水平。新时期的思想解放，关键就是在这个问题上的思想解放。我国社会主义在改革开放前所经历的曲折和失误，改革开放以来在前进中遇到的一些困惑，归根到底都在于对这个问题没有完全搞清楚。拨乱反正，全面改革，从以阶级斗争为纲到以经济建设为中心，从封闭半封闭到改革开放，从计划经济到社会主义市场经济，近 20 年的历史性转变，就是逐渐搞清楚这个根本问题的进程。这个进程，还将在今后的实践中继续下去。

第三，邓小平理论坚持用马克思主义的宽广眼界观察世界，对当今时代特征和总体国际形势，对世界上其他社会主义国家的成败，发展中国家谋求发展的得失，发达国家发展的态势和矛盾，进行正确分析，作出了新的科学判断。世界变化很大很快，特别是日新月异的科学技术进步深刻地改变了并将继续改变当代经济社会生活和世界面貌，任何国家的马克思主义者都不能不认真对待。邓小平理论正是根据这种形势，确定我们党的路线和国际战略，要求我们用新的观点来认识、继承和发展马克思主义，强调只有这样才是真正的马克思主义，墨守成规只能导致落后甚至失败。这是邓小平理论鲜明的时代精神。

第四，总起来说，邓小平理论形成了新的建设有中国特色社会主义理论的科学体系。它是在和平与发展成为时代主题的历史条件下，在我国改革开放和现代化建设的实践中，在总结我国社会主义胜利和挫折的历史经验并借鉴其他社会主义国家兴衰成败历史经验的基础上，逐步形成和发展起来的。它第一次比较系统地初步回答了中国社会主义的发展道路、发展阶段、根本任务、发展动力、外部条件、政治保证、战略步骤、党的领导和依靠力量以及祖国统一等一系列基本问题，指导我们党制定了在社会主义初级阶段的基本路线。它是贯通哲学、政治经济学、科学社会主义等领域，涵盖经济、政治、科技、教育、文化、民族、军事、外交、统一战线、党的建设等方面比较完备的科学体系，又是需要从各方面进一步丰富发展的科学体系。

邓小平是伟大的马克思主义者，他为中华民族的独立和解放，为中国社会主义制度的建立，为中国改革开放和现代化建设，建立了不朽的功勋。他把毕生心血都献给了中国人民，一切以人民的利益为出发点和归宿。他对党、对人民、对马克思主义的最大贡献，他留给我们的珍贵遗产，就是邓小平理论。这个理论，集中体现在十一届三中全会以来邓小平著作以及党和国家的重要文献中。

马克思主义是科学，它始终严格地以客观事实为根据。而实际生活总是在不停的变动中，这种变动的剧烈和深刻，近100多年来达到了前人难以想象的程度。因此，马克思主义必定随着时代、实践和科学的发展而不断发展，不可能一成不变。对待马克思主义，有个学风问题：究竟是从本本出发，还是用马克思主义的立场观点方法来研究和解决中国的现实问题。毛泽东在延安整风时就强调："应确立以研究中国革命实际问题为中心，以马克思列宁主义基本原则为指导的方针，废除静止地孤立地研究马克思列宁主义的方法。"现在提出用邓小平理论武装全党，提出学习马克思列宁主义、毛泽东思想，中心内容是学习建设有中国特色社会主义理论，就是发扬这个优良传统。马克思列宁主义、毛泽东思想一定不能丢，丢了就丧失根本。同时一定要以我国改革开放和现代化建设的实际问题、以我们正在做的事情为中心，着眼于马克思主义理论的运用，着眼于对实际问题的理论思考，着眼于新的实践和新的发展。离开本国实际和时代发展来谈马克思主义，没有意义。静止地孤立地研究马克思主义，把马克思主义同它在现实生活中的生动发展割裂开来、对立起来，没有出路。在当代中国，马克思列宁主义、毛泽东思想、邓小平理论，是一脉相承的统一的科学体系。坚持邓小平理论，就是真正坚持马克思列宁主义、毛泽东思想；高举邓小平理论的旗帜，就是真正高举马克思列宁主义、毛泽东思想的旗帜。

江泽民在十五大的报告中指出：旗帜问题至关紧要。旗帜就是方向，旗帜就是形象。坚持十一届三中全会以来的路线不动摇，就是高举邓小平理论的旗帜不动摇。邓小平同志逝世后，全党在这个问题上尤其要有高度的自觉性和坚定性。

十五大党章明确指出："中国共产党以马克思列宁主义、毛泽东思想、邓小平理论作为自己的行动指南。""十一届三中全会以来，以邓小平同志为主要代表的中国共产党人，总结建国以来正反两方面的经验，解放思想，实事求是，实现全党工作中心向经济建设的转移，实行改革开放，开辟了社会主义事业发展的新时期，逐步形成了建设有中国特色社会主义的路线、方针、政策，阐明了在中国建设社会主义、巩固和发展社会主义的基本问题，创立了邓小平理论。邓小平理论是马克思列宁主义的基本原理同当代中国实践和时代特征相结合的产物，是毛泽东思想在新的历史条件下的继承和发展，是马克思主义在中国发展的新阶段，是当代中国的马克思主义，是中国共产党集体智慧的结晶，引导着我国社会主义现代化事业不断前进。"

2014 年 8 月，中共中央总书记习近平同志在纪念邓小平诞辰 110 周年座谈会上的讲话指出："邓小平同志是全党全军全国各族人民公认的享有崇高威望的卓越领导人，伟大的马克思主义者，伟大的无产阶级革命家、政治家、军事家、外交家，久经考验的共产主义战士，中国社会主义改革开放和现代化建设的总设计师，中国特色社会主义道路的开创者，邓小平理论的主要创立者。"

习近平指出："邓小平同志留给我们的最重要的思想和政治遗产，就是他带领党和人民开创的中国特色社会主义，就是他创立的邓小平理论。

"在改革开放新时期，邓小平同志成为党的第二代中央领导集体的核心，为开创中国特色社会主义作出了历史性贡献。'文化大革命'结束，'中国向何处去'又成为摆在中国人民面前头等重要的问题。邓小平同志以他的远见卓识、丰富政治经验、高超领导艺术，强调实事求是是毛泽东思想的精髓，旗帜鲜明反对'两个凡是'的错误观点，支持和领导开展真理标准问题的讨论，推动进行各方面的拨乱反正。在邓小平同志指导下，1978 年 12 月召开的党的十一届三中全会，重新确立了解放思想、实事求是的思想路线，停止使用'以阶级斗争为纲'的错误提法，确定把全党工作的着重点转移到社会主义现代化建设上来，作出实行改革开放的重大决策，实现了党的历史上具有深远意义的伟大转折。

"党的十一届三中全会以后，邓小平同志始终站在时代要求、国家发展、人民期待的高度，同中央领导集体一起，领导我们党作出一系列重大决策，把改革开放和社会主义现代化建设一步一步推向前进。邓小平同志指导我们党系统总结建国以来的历史经验，解决了科学评价毛泽东同志的历史地位和毛泽东思想的科学体系、根据新的实际和发展要求确立中国社会主义现代化建设的正确道路这样两个相互联系的重大历史课题，彻底否定了'文化大革命'的错误实践和理论，坚决顶住否定毛泽东同志和毛泽东思想的错误思潮，为党和国家发展确定了正确方向。邓小平同志紧紧抓住'什么是社会主义、怎样建设社会主义'这个基本问题，响亮提出'走自己的道路，建设有中国特色的社会主义'的伟大号召，领导我们党在新中国成立以来革命和建设实践的基础上，成功走出了一条中国特色社会主义新道路。邓小平同志强调必须坚持以经济建设为中心，坚持四项基本原则，坚持改革开放，领导我们党制定了党在社会主义初级阶段的基本路线。邓小平同志指导我们党正确认识我国所处的发展阶段和根本任务，制定了现代化建设'三步走'发展战略。邓小平同志突出强调'改革是中国的第二次革命'，领导我们党有步骤地展开各方面体制改革，勇敢打开对外开放的大门。邓小平同志反复强调'两手抓、两手都要硬'，必须抓好社会主义精神文明建设和民主法制建设，实现社会全面进步。他创造性提出'一国两制'科学构想，指导我们实现香港、澳门平稳过渡和顺利回归，推动海峡两岸关系打开新局面。邓小平同志明确提出和平与发展是当代世界的两大问题，领导我们党及时调整各方面政策，为改革开放和社会主义现代化建设创造了难得历史机遇和良好外部环境。邓小平同志强调加强党的领导必须改善党的领导，必须聚精会神抓党的建设，使党的建设充满新的生机活力。正是这些重大思想理论和实践，使 20 世纪的中国又一次发生天翻地覆的变化。

"邓小平同志对党和人民的贡献，是历史性的，也是世界性的。正是由于有邓小平同志的卓越领导，正是由于有邓小平同志大力倡导和全力推进的改革开放，中国特色社会主义才能欣欣向荣，中国人民才能过上小康生活，中华民族和中华人民共和国才能以新的姿态屹立于世界东方。

"邓小平同志的贡献，不仅改变了中国人民的历史命运，而且改变了世界的历史进程。邓小平同志赢得了中国人民衷心爱戴，也赢得了世界人民广泛尊敬。

"像我们党的其他老一辈革命家一样，邓小平同志之所以能够为祖国和人民建立彪炳史册的功勋，就在于他看清了世界和中国的发展大势，深刻了解中国人民和中华民族的深沉愿望，把握住中国发展的历史规律，紧紧依靠党和人民建立了前所未有的历史性伟业。正如江泽民同志、胡锦涛同志指出的那样：如果没有邓小平同志，中国人民就不可能有今天的新生活，中国就不可能有今天改革开放的新局面和社会主义现代化的光明前景。"

参考书目

《邓小平文选》第三卷，人民出版社 1993 年版。

《邓小平年谱（一九七五——一九九七）》（上、下），中央文献出版社 2004 年版。

《百年小平——口述历史：百位亲历者讲述百年小平》，新世界出版社 2004 年版。

《回忆邓小平》（上、中、下），中央文献出版社 1998 年版。

《十四大以来重要文献选编》（上），人民出版社 1996 年版 。

《十五大以来重要文献选编》（上），人民出版社 2000 年版。

陈开枝：《起点——邓小平南方之行》，中国文史出版社 2008 年版。

钱其琛：《外交十记》，世界知识出版社 2003 年版。

刘金田主编：《邓小平的历程》，人民出版社 2014 年版。

［美］傅高义著，冯克利译：《邓小平时代》，生活·读书·新知 三联书店 2013 年版。